"十四五"职业教育国家规划教材

汽车单片机与车载网络系统

主　编　田永江　孟范辉　李　薇
副主编　高　伟　肖陆峰　张玉君　李　奇　黄雁来

北京理工大学出版社
BEIJING INSTITUTE OF TECHNOLOGY PRESS

内 容 简 介

全书共分为三个项目，分别讲解了汽车电子控制技术的发展、单片机基础和网络基础。与以往同类教材不同的是，本书注重实验实训，轻理论编程。最主要的教学内容是让学生搭建各种汽车上的控制电路，目的是让学生更直观地理解"电气控制机械"的控制模式。全书共有实验实训项目13个，具体涵盖了汽车灯光控制编程、仪表显示控制编程、各种报警装置控制编程、各种传感器控制编程、网络总线测量等。

本书可作为中等职业学校教材使用，也可作为汽车维修技术人员的参考书使用。

版权专有　侵权必究

图书在版编目（CIP）数据

汽车单片机与车载网络系统 / 田永江，孟范辉，李薇主编. -- 北京：北京理工大学出版社，2020.12（2023.11重印）

ISBN 978-7-5682-9427-0

Ⅰ.①汽… Ⅱ.①田…②孟…③李… Ⅲ.①汽车－微控制器－中等专业学校－教材②汽车－局域网－中等专业学校－教材 Ⅳ.①U463.6

中国版本图书馆 CIP 数据核字（2021）第 001734 号

责任编辑 / 张鑫星　　文案编辑 / 张鑫星
责任校对 / 周瑞红　　责任印制 / 边心超

出版发行 / 北京理工大学出版社有限责任公司
社　　址 / 北京市丰台区四合庄路6号
邮　　编 / 100070
电　　话 / （010）68914026（教材售后服务热线）
　　　　　（010）68944437（课件售后服务热线）
网　　址 / http://www.bitpress.com.cn
版 印 次 / 2023年11月第1版第2次印刷
印　　刷 / 定州市新华印刷有限公司
开　　本 / 787mm×1092mm　1/16
印　　张 / 14
字　　数 / 346千字
定　　价 / 44.00元

图书出现印装质量问题，请拨打售后服务热线，负责调换

前言

党的二十大报告提出:"建成世界最大的高速铁路网、高速公路网,机场港口、水利、能源、信息等基础设施建设取得重大成就。"截至 2022 年 3 月,我国汽车保有量已经突破了 3.07 亿辆。随着我国汽车工业的发展和汽车保有量的不断增长,汽车性能不断提高,汽车电器与电子控制装置在汽车上的应用越来越多。为了简化汽车线路,提高信息传输的速度和可靠性,降低故障率,车辆上大量使用了单片机和车载网络技术,如控制器局域网(CAN)和局部连接网络(LIN)。单片机使得控制模块化,而车载网络把各个模块联系起来,形成一个完整的整体,汽车控制模块都只需引出传输线共同接在节点上,就能够完成数据的采集和传输。采用模块化控制和车载网络传输可减小线束尺寸、降低成本、减少插接器的数量,同一款车同等配置下,可以大大简化汽车线束;可以进行设备之间的通信,增加功能;通过信息共享,可以减少传感器信号的重复数量。

作为汽车工程类专业,设置汽车单片机和车载网络非常必要,开设本课程可以有助于学生更好地理解汽车新技术,对下一步学习打下良好的基础。

党的二十大报告提出:"办好人民满意的教育。教育是国之大计、党之大计。培养什么人、怎样培养人、为谁培养人是教育的根本问题。育人的根本在于立德。全面贯彻党的教育方针,落实立德树人根本任务,培养德智体美劳全面发展的社会主义建设者和接班人。"为了深入贯彻党的二十大精神,落实《国务院关于加快发展现代职业教育的决定》部署,为职业教育教学提供更加坚强有力的支撑,积极推进课程改革和教材建设,使之适应经济发展、产业升级和技术进步,满足交通运输业科学发展的需要,回归"尺寸课本、国之大者"的教材本质。北京理工大学出版社特邀请一批知名行业专家、学者以及一线骨干教师,按照"专业设置与产业企业岗位需求对接、课程内容与职业标准对接、教学过程与生产过程对接"的"三对接"要求,出版了该教材。

本教材全面贯彻党的教育方针,落实立德树人根本任务,以培养德智体美劳全面发展的社会主义建设者和接班人为最终目标。加强职业学校学生对"电气控制机械"的认知的同时加强了学生动手搭建功能模块的能力。与其他类型书的最大区别是该书弱化编程，强调测量和功能实现。该书利用了Arduino单片机而不是传统的51单片机，虽然Arduino单片机在网络通信方面有不足，但是相对于51单片机来说，Arduino单片机无论在硬件还是在资源方面，更能满足日常教学，更有利于在职业学校推广。车载网络的内容也偏重于实车的结构布局和测量维修，避免单纯学习复杂、枯燥的原理。在编写过程中，为了使学生加深认识，部分章节中还加入了传感器的知识和部分控制系统的知识，使学生能够与实际汽车中的知识相融合，做到前后贯通。

本书可作为中等职业学校教材使用，也可作为汽车维修技术人员的参考书使用。在学习前，要求学生具有基本的模拟电路和数字电路知识，对汽车基本构造、基本工作原理有所掌握。本书在讲解过程中，应在注重理论讲解的同时，把重点放在实验实训内容上，配合实操工作页，加强实践教学部分，有助于提高教学效果。本学科建议安排为18周，每周为4课时，具体安排如下：项目一汽车电子控制技术基础8课时；项目二单片机基础48课时；项目三汽车网络技术基础16课时。

为了能够使本教材满足教学，贴近实际，在编写前成立了编写审核小组，具体成员有田永江、孟范辉、李薇、肖陆峰、张玉君、李奇、高伟、黄雁来。同时还得到了许多行业专家、一线技术人员的热情帮助，在此表示由衷的感谢。本书项目一由项目组成员田永江、孟范辉编写；项目二为项目组成员孟范辉、李薇、高伟编写；项目三为项目组成员孟范辉编写；工作页由项目组成员孟范辉编写。编写组肖陆峰、张玉君、李奇、黄雁来其他成员负责前期资料收集，后期整理、审核和校稿。

本书在编写过程中参阅了大量相关的资料，并引用了不少参考文献中的内容，在这里表示由衷的感谢。同时限于编者的阅历和水平，教材内容难以覆盖全国各地的实际情况，希望各教学单位在使用和推广本教材的同时，及时提出修改意见和建议，以便再版修订时进行补充完善。

编　者

目录

项目一　汽车电子控制技术基础 ··· 1
课题1.1　汽车电子控制技术概述 ··· 1
课题1.2　汽车网络技术概述 ··· 5
课题1.3　汽车单片机概述 ··· 10

项目二　单片机基础 ··· 13
课题2.1　初识Arduino ··· 13
　　学习任务 2.1.1　认识 Arduino ·· 13
　　学习任务 2.1.2　Arduino 的初次使用 ·· 16
课题2.2　汽车LED的控制编程 ·· 21
　　学习任务 2.2.1　汽车双闪模型的制作 ······································· 21
　　学习任务 2.2.2　汽车流水灯模型的制作 ···································· 26
　　学习任务 2.2.3　汽车简易呼吸灯模型的制作 ······························ 30
课题2.3　汽车蜂鸣器的控制编程 ·· 38
　　学习任务 2.3.1　汽车安全带报警模型的制作 ······························ 38
　　学习任务 2.3.2　汽车喇叭模型的制作 ······································· 44
课题2.4　汽车数码管的控制编程 ·· 50
　　学习任务 2.4.1　一位八段数码管的控制编程 ······························ 50
　　学习任务 2.4.2　四位八段数码管的控制编程 ······························ 53
课题2.5　汽车典型传感器的控制编程 ·· 63
　　学习任务 2.5.1　振动传感器的控制编程 ···································· 63
　　学习任务 2.5.2　光照传感器的控制编程 ···································· 77

2

学习任务 2.5.3　温度传感器的控制编程 …………………………………… 82
学习任务 2.5.4　超声波传感器的控制编程 ………………………………… 86
课题2.6　典型汽车控制系统 ……………………………………………………… 92
学习任务 2.6.1　模拟汽车喷油系统控制 …………………………………… 92
学习任务 2.6.2　模拟汽车点火系统控制 …………………………………… 96

3

项目三　汽车网络技术基础 …………………………………………………… 101

课题3.1　网络的基本概念 ………………………………………………………… 101
课题3.2　CAN网络和LIN网络 …………………………………………………… 106
课题3.3　CAN网络信号的测量 …………………………………………………… 117
学习任务 3.3.1　高速 CAN 与低速 CAN …………………………………… 117
学习任务 3.3.2　高速 CAN 典型故障波形 ………………………………… 123
学习任务 3.3.3　低速 CAN 典型故障波形 ………………………………… 128

参考文献 ……………………………………………………………………………… 136

项目一

汽车电子控制技术基础

课题 1.1 汽车电子控制技术概述

学习目标

1. 了解汽车电子技术的发展历程。
2. 了解汽车集中控制系统的应用。

一、汽车电子技术的发展

随着科学技术不断地发展,汽车上各种各样的电子设备也逐渐增多,网络化、智能化成为设计和开发现代汽车的趋势。如今,汽车产品的核心竞争力已经由过去单纯的机械设计向机械与电子的综合设计转变。据统计，1980年汽车电子装置只占汽车总成本的0.5%，1990年占到7%，到2000年达到了17%，2010年占24%，2019年高达46%。无人驾驶技术的成熟和车联网的发展，都需要汽车电子渗透率不断提高。目前，汽车电子在纯电动汽车总占比达到60%，随着汽车电动化的不断发展，汽车电子的渗透率还会不断提升。智能化也是未来汽车的趋势，汽车电子占整车成本的比重将越来越高，预计到2020年年末，汽车电子占整车成本的比例有望达到50%。汽车技术与电子信息技术有着密不可分的联系。随着技术的不断发展，电子产品成本也逐渐降低，电子装置也迅速向低档车延伸。目前，汽车上几乎都是机械和电子一体化，汽车正悄然地从拥有一定电子装置的机械系统向拥有一定机械装置的电子系统转化。随着汽车上电子装置的不断增加，连接这些装置的电子线路也迅速增长。

电子线路的增长导致线束越来越复杂，系统布线也随之变得困难，使汽车在设计、装配、维护中不堪重负。汽车线路和接头大量增加，也带来了巨大的安全隐患。汽车技术发展、质量提高反而导致了汽车效率的降低，这使汽车的生产和开发进入一个怪圈：一方面汽车电子装置数量的增加提高了汽车的各项性能，另一方面电子装置数量的增加也就意味着导线长度和接头数量的增加，从而降低了汽车的行驶安全性和可靠性。因此，在电子装置不断增加的情况下，降低导线长度和减少接头数量成为首要问题。而传统的连接方式无法解决这个问题，基于串行信息传输的网络结构成为首选。

现代汽车制造过程中开始广泛应用以网络通信技术为基础的线控技术。驾驶员的操作意图通过人机接口传递给执行机构，由执行机构操作功能装置来完成；功能装置的工作状态通过传感器传递给人机接口，从而告知驾驶员。以往这样的传递过程需要通过气动、机械、液压等传输介质来完成，而线控技术的产生改变了这一切，传递过程只需要简单的电信号就可以完成，如图1-1-1所示。这样的传递方式大大降低了车辆制造成本，同时提高了车辆的安全系数。网络技术的发展，把汽车变为我们实际生活中的网络终端。它除了可以提供给我们传统的网络服务外，还实时收发车辆和道路的相关信息，如接收定位信号、发送拥堵信号、发送本机状态等。车载网络的应用不仅仅是为了解决技术难题，更多的是汽车电子技术的发展趋势所致，汽车电子的网络信息化已经成为现代汽车技术的发展方向。

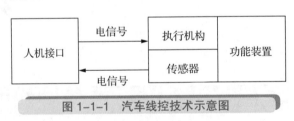

图1-1-1 汽车线控技术示意图

二、汽车电子控制技术

计算机技术的迅速发展为汽车技术的改善提供了条件，在人们对提高汽车综合性能的渴望中，各种车用电控系统应运而生，并逐步发展成为微机集中控制系统。

1. 由单独控制到集中控制系统

1）单独控制系统

最开始的电控汽车，其系统多采用模拟电路的ECU（电子控制单元），单独对汽车某一系统如燃油喷射系统、点火系统等进行控制。由于在采用模拟电路的ECU控制系统中，如果要增加控制功能，就必须增加与实现该项功能控制逻辑相对应的电路，这样必然会使ECU的尺寸增加很大，对于安装空间有限的汽车来讲很不适用，所以这一时期的汽车电控系统多采用一个ECU控制汽车的一个系统的单独控制方式。采用单独控制系统很难实现汽车全面的综合控制，并且结构线路复杂、成本高。多个系统需用多个ECU，而对于同一种信号，几个控制系统ECU都需要时，则必须同时配备几个相同的传感器，这必然造成结构、线路复杂，成本高，维修困难，控制效果差。

2）集中控制系统

随着电子技术的飞速发展，用于汽车电控系统的ECU由于采用了数字电路及大规模集成电路，其集成度越来越高，微处理机速度的不断提高和存储容量的增加使其控制功能大大增加，并具有各种备用功能。另外，与汽油喷射控制、点火控制及其他控制系统相关的各种控制器，由于所用的传感器很多都可通用，如水温传感器、进气温度传感器、车速（转速）传感器等，因此利用控制功能集中化就可以不必按功能不同来分别设置传感器和ECU，而是将多种控制功能集中到一个ECU上，不同控制功能所共同需要的传感器也只设置一个。这种控制方式叫作集中控制系统，也就是汽车微机控制系统。

2. 集中控制系统在现代汽车中的应用

在现代汽车中，集中控制系统得到了广泛的应用。汽车微机控制系统大致可分为七部分，如图1-1-2所示。图1-1-2所示的各控制系统，在不同的车型上其组合形式和控制项目各有异同。如有的车型将发动机控制系统与自动变速控制系统共用一个ECU控制，有的车型则各自用一个ECU控制；大多数车型点火控制均由发动机ECU控制，但有的车型则单独由点火ECU控制；大多数车型怠速控制由发动机ECU控制，但有的车型则将定速、怠速、加速控制共同由一个ECU控制；对于控制项目，不同车型也各有取舍。

图1-1-2中各控制系统，既独立地执行相应的控制功能，相互间又必须在极短时间内交换大量的信息资料，如转速、负荷、车速等。所以，现代汽车微机控制系统是一个十分复杂的综合控制系统，其配线也极其复杂。近年来有的厂家已开发出一种总线系统，它仅用一根导线就可使信息交换迅速进行，其传递速度相当高，信息量也极大，并可同时提供与所有系统有关的许多信息，使配线大大简化。

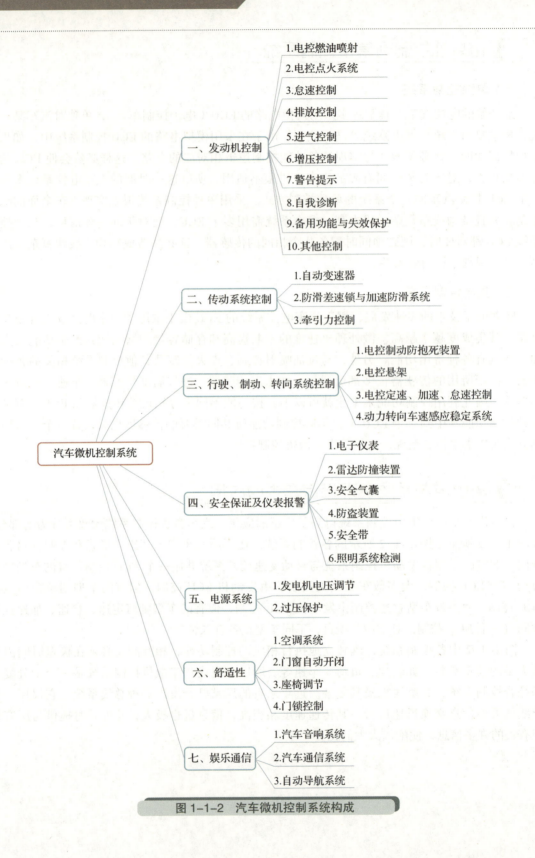

图 1-1-2　汽车微机控制系统构成

课题 1.2　汽车网络技术概述

学习目标

1. 掌握车载网络的分类。
2. 掌握典型车载网络分类。

一、车载网络技术的应用背景

随着汽车技术的快速发展，汽车性能不断提高，汽车电器与电子控制装置在汽车上的应用越来越多，例如电子燃油喷射系统（EFI）、汽车防滑控制系统（ABS/ASR）、电控自动变速器、安全气囊（SRS）、电子悬架、电控动力转向系统等。由于集成电路和单片机在汽车上的广泛应用，汽车上电控单元的数量越来越多，线路越来越复杂，传统的点到点布线方式使汽车上的导线数量成倍增加，汽车的线束越来越庞大。而复杂凌乱的线束使电气线路的故障率增加，降低了汽车电器与电子控制装置的工作可靠性；占用空间更大，使得在有限的汽车空间内布线越来越困难，限制了功能的扩展；当线路发生故障时，不仅故障查找麻烦，而且维修很困难，在一定程度上影响了电子控制技术在汽车上的应用。

此外，随着汽车电子控制装置的大量使用，有些数据信息需要在不同的控制系统中共享，大量的控制信号也需要实时交换，以提高系统资源的利用率和系统的工作可靠性。采用传统的点到点的布线方式，信号传输的可靠性、信息传送速度均具有不适应性，信息传输材料成本较高。

为了简化线路，提高信息传输的速度和可靠性，降低故障率，车载网络技术应运而生，如控制器局域网（CAN）、局部连接网络（LIN）和局域网（LAN）等。一辆汽车不管有多少个电控单元，每个电控单元都只需引出两条线共同接在两个节点上，这两条导线就称为数据总线，也称网线。采用车载网络可减小线束尺寸、降低成本、减少插接器的数量，同一款车同等配置下，可以大大简化汽车线束；可以进行设备之间的通信，增加功能；通过信息共享，可以减少传感器信号的重复数量。汽车典型布线方式如图 1-2-1 所示。

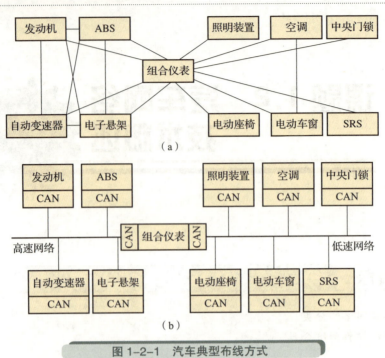

图 1-2-1 汽车典型布线方式
（a）常规方式布线；（b）总线方式布线

二、车载网络的分类

随着科学技术的进步，车载网络发展速度惊人，美国机动车工程师学会（SAE）按照系统的通信速率、动作响应速度和工作可靠性等因素将汽车数据传输网络划分为五类，如表 1-2-1 所示。

表 1-2-1 汽车数据传输网络分类

类型	功能
A 类	低速网络，位速率小于 20 kbit/s，用于后视镜调整、电动车窗等执行器控制和传感器信号采集
B 类	中低速网络，位速率在 20~125 kbit/s，用于仪表显示等模块间数据共享服务
C 类	中高速网络，位速率在 125 kbit/s~1 Mbit/s，用于 ABS 控制系统等实时性控制的多路传输网络
D 类	高速网络，位速率一般在 1 Mbit/s 以上，用于车载视频、车载音响等车载娱乐系统
E 类	高速网络，位速率在 10 Mbit/s 以上，用于车辆被动性安全领域

三、典型车载通信网络布局

汽车上各种传感器、执行器和控制单元之间主要通过介质连接,这些介质将需要通信的各种电子元件连接起来从而形成了汽车网络。其中各种传感器、执行器和控制单元叫作网络的节点,而各种不同类型的传输介质就是总线。因为采用的网络标准类型不同,所以组建的车载网络也不同,常见的有分开式网络和分级式网络,如图1-2-2和图1-2-3所示。

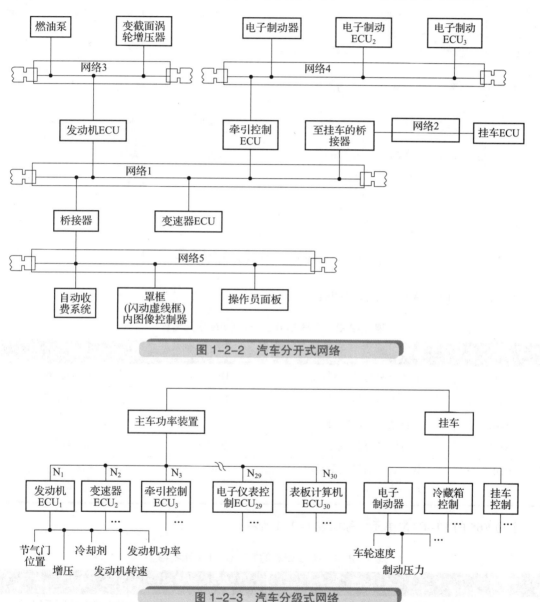

图1-2-2 汽车分开式网络

图1-2-3 汽车分级式网络

分开式车载网络是把整个网络分成不同的模块,模块内部都有自己的操纵方式,模块之间通过桥连接来处理多个电控单元之间的信息数据。分级式车载网络是把整个网络分成不同的层级,用特制的电子控制单元对不同层级进行控制。这种网络布局的最大优点是可以加入超过30个电控单元。图1-2-4所示为BMW部分车型车载网络布局形式。

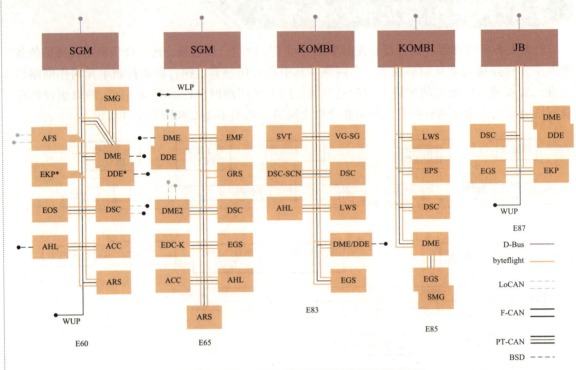

图1-2-4　BMW部分车型车载网络布局形式

宝马E60的PT-CAN单元名称如表1-2-2所示。

表1-2-2　宝马E60的PT-CAN单元名称

索引	说明	索引	说明
ACC	主动定速巡航控制系统	DSC	动态稳定控制系统
AFS	主动转向系统	EGS	变速箱电子控制系统
AHL	自适应弯道照明灯	EKP	电动燃油泵
ARS	主动式侧翻稳定装置	SGM	安全和网关模块
DDE	数字式柴油机电子系统	SMG	手动顺序换挡变速箱
DME	数字式发动机电子系统		

宝马E65的PT-CAN单元名称如表1-2-3所示。

表1-2-3　宝马E65的PT-CAN单元名称

索引	说明	索引	说明
ACC	主动定速巡航控制系统	DSC	动态稳定控制系统
AHL	自适应弯道照明灯	EDC-K	连续式减震器电子控制系统
ARS	主动式侧翻稳定装置	EGS	变速箱电子控制系统
DDE	数字式柴油机电子系统	EMF	电子驻车制动器

续表

索引	说明	索引	说明
DME	数字式发动机电子系统	GRS	偏转率传感器
DME2	数字式发动机电子系统2	SGM	安全和网关模块

宝马E83的PT-CAN单元名称如表1-2-4所示。

表1-2-4 宝马E83的PT-CAN单元名称

索引	说明	索引	说明
AHL	自适应弯道照明灯	KOMBI	组合仪表
DME/DDE	数字式发动机电子系统/数字式柴油机电子系统	LWS	转向角传感器
DSC	动态稳定控制系统	SVT	电子转向助力系统
DSC-SEN	动态稳定控制系统传感器	VG-SG	分动器控制单元
EGS	变速箱电子控制系统		

宝马E85的PT-CAN单元名称如表1-2-5所示。

表1-2-5 宝马E85的PT-CAN单元名称

索引	说明	索引	说明
DME	数字式发动机电子系统	KOMBI	组合仪表
DSC	动态稳定控制系统	LWS	转向角传感器
EGS	变速箱电子控制系统	SMG	手动顺序换挡变速箱
EPS	电子助力转向系统		

宝马E87的PT-CAN单元名称如表1-2-6所示。

表1-2-6 宝马E87的PT-CAN单元名称

索引	说明	索引	说明
DDE	数字式柴油机电子系统	EGS	变速箱电子控制系统
DME	数字式发动机电子系统	EKP	电动燃油泵
DSC	动态稳定控制系统	JB	接线盒

现实生活中，使用最多的是计算机网络，而汽车对网络的要求和PC对网络的要求最大的不同在于传输的频率。汽车内许多传感器发送信号的频率和车辆实际的工作状况是紧密相连的。例如车内的曲轴位置传感器和车速就有很大关系，车速越快，传感器发射信号的频率越高。为了满足各个系统对数据的实时性要求，必要时会对汽车公共数据进行分类控制，以保证各个系统完美运行。

课题 1.3　汽车单片机概述

学习目标

1. 掌握单片机的定义。
2. 了解单片机的发展历程。
3. 了解车载单片机的类型。

一、单片机发展概述

单片机（Microcontrollers）是一种集成电路芯片，是采用超大规模集成电路技术把具有数据处理能力的中央处理器CPU、随机存储器RAM、只读存储器ROM、多种I/O接口和中断系统、定时器/计数器等功能（可能还包括显示驱动电路、脉宽调制电路、模拟多路转换器、A/D转换器等电路）集成到一块硅片上构成的一个小而完善的微型计算机系统，在工业控制领域广泛应用。

虽然单片机的发展历史并不长，但其发展速度很快，目前已普及各行各业，并且正朝着多系列、多型号方向发展。从它的发展历程上看，单片机大体经历了四个发展阶段：

第一阶段是单片机的初级阶段，时间为1971—1974年。1971年，Intel公司首次宣布推出4004的4位微处理器。1974年12月，仙童公司推出了8位单片机F8，从此开创了单片机发展的初级阶段。F8单片机只包含8位CPU、64字节RAM和2个并行I/O接口，必须外加一片3815（内含1 KB ROM、1个定时器/计数器和2个并行I/O接口）才能构成一个完整的微型计算机。

第二阶段是低性能单片机阶段，时间为1974—1978年。此时的单片机是真正的8位单片微型计算机，具有体积小、功能全的特点，在单块芯片上已集成了CPU、并行口、定时器、RAM和ROM等。如1976年，Intel公司推出了MCS-48单片机；1977年，Gl公司推出了PIC1650，但这个阶段的单片机仍然处于低性能阶段。

第三阶段是高性能单片机阶段，时间为1978—1983年。此时的单片机品种多、功能强，一般片内RAM、ROM都相对增大，且寻址范围可达64 KB，并有串行I/O接口，还可以进行多级中断处理。1980年，Intel公司在MCS-48的基础上推出MCS-51，使单片机的应用迈上了一个新的台阶。此后，各公司的 8 位单片机迅速发展起来，如 Mortorola 公司的 6801 系列等。

第四阶段是单片机的发展、巩固、提高阶段，时间为 1983 年至今，单片机朝着高性能和多品种方向发展。1983 年，Intel 公司开始推出 MCS-96 系列 16 位单片机；1988 年，Intel 公司又推出了 MCS-96 系列中的 8098/8398/8798 单片机，使 MCS-96 系列单片机的应用更为广泛。

20 世纪 90 年代是单片机制造业大发展时期，这个时期的 Motorola、Intel、ATMEL、德州仪器、三菱、日立、飞利浦、LG 等公司也开发了一大批性能优越的单片机，极大地推动了单片机的应用。此阶段单片机的一个重要标志就是超 8 位单片机的各挡机种增加了直接数据存取通道、特殊串行接口等，并且近几年发展的单片机又增加了看门狗、A/D 转换、D/A 转换、LCD 直接驱动等功能，例如 80C552 片内带 8 路 10 位 A/D、2 路 PWM、1 个输入捕捉和 1 个输出比较的 16 位定时器等，带 LCD 驱动的单片机有 8xC055、83CL167/168、83CL267/268 等。这一时期出现了单片机市场丰富多彩的局面，此阶段的主要特点是片内面向测控系统外围电路增强，使单片机可以方便灵活地用于复杂的自动测控系统及设备。"微控制器"的称谓更能反映单片机的本质。

二、单片机分类及在汽车中的应用

随着微电子设计技术及计算机技术的不断发展，单片机产品和技术日新月异。单片机产品近况可以归纳为以下两个方面：

（1）80C51 系列单片机产品繁多，主流地位已经形成，通用微型计算机计算速度的提高主要体现在 CPU 位数的提高（16 位、32 位、64 位），而单片机更注重的是产品的可靠性、经济性和嵌入性。多年来的应用实践已经证明，80C51 的系统结构合理、技术成熟。因此，许多单片机芯片生产厂商倾力于提高 80C51 单片机产品的综合功能，从而形成了 80C51 的主流产品地位。近年来推出的与 80C51 兼容的主要产品如下：

① ATMEL 公司融入 Flash 存储器技术推出的 AT89 系列单片机。
② Philips 公司推出的 80C51、80C52 系列高性能单片机。
③ Winbond 公司推出的 W78C51、W77C51 系列高速低价单片机。
④ ADI 公司推出的 ADuC8xx 系列高精度 ADC 单片机。
⑤ LG 公司推出的 GMS90/97 系列低压高速单片机。
⑥ Cygnal 公司推出的 C8051F 系列高速 SOC 单片机等。
⑦ Maxim 公司推出的 DS89C420 高速（50MIPS）单片机。

由此可见，80C51 已经成为事实上的单片机主流系列。

（2）非 80C51 结构单片机不断推出，给用户提供了更为广泛的选择空间。在 80C51 及其兼容产品流行的同时，一些单片机芯片生产厂商也推出了一些非 80C51 结构的产品，影响比较大的有以下四种：

① Motorola 单片机。其特点是品种全、选择余地大、新产品多，Motorola 是世界上最大的单片机厂商。
② Microchip 公司推出的 PIC 系列 RISC 结构单片机。
③ ATMEL 公司推出的 AVR 系列 RISC 结构单片机。

④ TI 公司推出的 MSP430F 系列 16 位低电压、低功耗单片机。

汽车上用的单片机都是车规级别的，能够生产车规级别的单片机的厂家有很多，恩智浦半导体 (NXP)、飞思卡尔半导体、意法半导体、英飞凌、Microchip Technology、Atmel、瑞萨科技、三星、东芝等都是其中份额比较大的，目前车规单片机份额最大的应该是 NXP。

单片机在汽车中有广泛的应用，在点火控制、排放控制、喷油控制、变速控制、防滑控制、安全气囊控制、门锁控制、刮水器控制、座椅控制、防盗报警控制、空调控制和前照灯控制中都有应用。随着国家大力发展电动汽车技术、智能驾驶技术、网联技术和5G通信技术，单片机的应用前景会更加广泛。

三、Arduino

Arduino 是一款便捷灵活、方便上手的开源电子原型平台，是单片机二次开发的产物。核心板大部分使用的是 AVR 单片机，AVR 单片机一般使用汇编语言或 C 语言开发，需要配置寄存器等。Arduino 在 C 语言的基础上简化了开发方式，自己实现了一套较为简单的语言，开发的时候不需要纠结于 AVR 的寄存器等底层的东西，直接编写代码就能控制兼容 Arduino 的外设，有利于动手实践。Arduino 硬件实物如图 1-3-1 所示。

Arduino 与传统 51 单片机有如下几个方面的区别：

（1）使用 Arduino，不用考虑硬件部分的设计，可以按需求选用 Arduino 的控制板、扩展板等组成自己需要的硬件系统。而使用单片机开发必须设计硬件，制作 PCB 板。

图 1-3-1　Arduino 硬件实物

（2）学习 Arduino 单片机可以完全不需要了解其内部硬件结构和寄存器设置，仅仅知道它的端口作用即可；可以不懂硬件知识，只要会简单的 C 语言，就可使用 Arduino 单片机编写程序。使用单片机则需要了解单片机内部硬件结构和寄存器的设置，使用汇编语言或者 C 语言编写底层硬件函数。

（3）Arduino 软件语言只需掌握少数几个指令，并且指令的可读性也强，稍微懂一点 C 语言即可，可以轻松上手，快速应用。

（4）Arduino 烧录代码不需要烧录器，直接用 USB 线就可以完成下载，便于日常教学，硬件损伤小，维护费用低。

基于以上特点，本书采用 Arduino 单片机作为硬件条件。

项目二 单片机基础

课题 2.1 初识 Arduino

学习任务 2.1.1 认识 Arduino

学习目标

1. 了解单片机电路与各接口的含义、作用。
2. 掌握程序中常见英文命令。
3. 掌握常见的数据类型和运算符。

一、什么是 Arduino

Arduino 是一块基于开放原始代码的 Simple I/O 平台，并且具有开发语言和开发环境都很简单、易理解的特点，可以快速使用 Arduino 实现功能。

二、Arduino 的特点

Arduino 的特点如下：
（1）开放原始码的电路图设计，开发界面免费下载，也可依需求自己修改。
（2）下载程序简单、方便。
（3）可简单地与传感器、各式各样的电子元件连接，如 LED 灯、蜂鸣器、按键、光敏电阻等。
（4）使用高速的微处理控制器 (ATMEGA328)。
（5）开发语言和环境都非常简单、易理解。

三、Arduino UNO 硬件介绍

Digital I/O 数字输入/输出端共有 14 个，0~13。
Analog I/O 模拟输入端 6 个（A0~A5），模拟输出端 6 个（PWM3~、5~、6~、9~、10~、11~）。
支持 ISP 下载功能。
输入电压：接上 USB 时无须外部供电或外部 6~12 V 直流电压输入。
输出电压：5 V 直流电压输出和 3.3 V 直流电压输出及外部电源输入。
采用 Atmel Atmega328 微处理控制器。
Arduino 大小尺寸：宽 70 mm × 高 54 mm。Arduino 单片机的结构布局如图 2-1-1 所示。

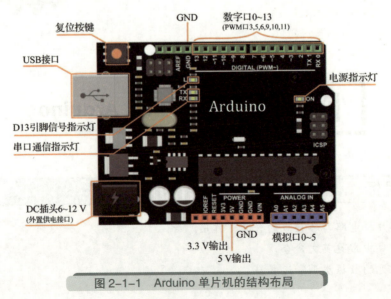

图 2-1-1　Arduino 单片机的结构布局

四、Arduino C 语言介绍

Arduino 语言是建立在 C/C++ 语言基础上的，其实也就是基础的 C 语言，只不过 Arduino 语言把相关的一些参数设置都函数化，不需要我们去了解它的底层。下面简单介绍一下 Arduino 语言。

关键字、语法符号、运算符、数据类型如表 2-1-1~ 表 2-1-4 所示。

表 2-1-1 关键字

if	if…else	swith case	while	return
goto	do…while	continue	break	

表 2-1-2 语法符号

;	{}	//	/**/

表 2-1-3 运算符

=	+	-	*	/	%	==	!=
〈	〉	〈=	〉=	&&	||	!	++
--	+=	-=	*=	/=			

表 2-1-4 数据类型

boolean 布尔类型	char 字符类型	byte 字节类型	int 整理类型
long 长整型	float 实数类型	array	void
double	string		
unsigned int 无符号整型		unsigned long 无符号长整型	

常量：

HIGH | LOW 表示数字 I/O 口的电平，HIGH 表示高电平（1），LOW 表示低电平（0）。

INPUT | OUTPUT 表示数字 I/O 口的方向，INPUT 表示输入（高阻态），OUTPUT 表示输出（AVR 能提供 5 V 电压、40 mA 电流）。

true | false，true 表示真（1），false 表示假（0）。

结构：

void setup() 初始化变量，管脚模式，调用库函数等。

void loop() 连续执行函数内的语句。

功能：

（1）数字 I/O。

pinMode(pin, mode) 数字 I/O 口输入/输出模式定义函数，pin 表示为 0~13 数字口，mode 表示为 INPUT 或 OUTPUT。

digitalWrite(pin, value) 数字 I/O 口输出电平定义函数，pin 表示为 0~13 数字口，value 表示为 HIGH 或 LOW。比如定义 HIGH 可以驱动 LED。

int digitalread(pin) 数字 I/O 口读输入电平函数，pin 表示为 0~13 数字口。比如可以读数字传感器。

（2）模拟 I/O。

analogRead(pin) 模拟 I/O 口读函数，pin 表示 A0~A5（Arduino Diecimila 为 0~5，Arduino nano 为 0~7）。比如可以读模拟传感器（10 位 AD，0~5 V 表示为 0~1 023）。

analogWrite(pin, value) PWM 数字 I/O 口 PWM 输出函数，Arduino 数字 I/O 口标注了 PWM 的 I/O 口可使用该函数，pin 表示 3,5,6,9,10,11，value 表示为 0~255。比如可用于电动机 PWM 调速或音乐播放。

（3）时间函数。

delay(ms) 延时函数（单位为 ms）。

delayMicroseconds(μs) 延时函数（单位为 μs）。

（4）数学函数。

Min(x, y) 求最小值。

Max(x, y) 求最大值。

Abs(x) 计算绝对值。

Constrain(x, a, b) 约束函数，下限为 a，上限为 b，x 必须在 a 与 b 之间才能返回。

Map(value, fromLow, fromHigh, toLow, toHigh) 约束函数，value 必须在 fromLow 与 toLow 之间和 fromHigh 与 toHigh 之间。

pow(base, exponent) 开方函数，表示 base 的 exponent 次方。

sq(x) 平方。

sqrt(x) 开根号。

学习任务 2.1.2 Arduino 的初次使用

学习目标

1. 掌握开发程序的安装步骤。
2. 掌握单片机驱动程序的安装步骤。
3. 掌握程序的编译及上传至单片机的步骤。

一、安装 Arduino 开发程序

在开始使用 Arduino 之前，需要在电脑上安装开发环境，我们可以从 https://www.arduino.cc/en/Main/Software# 网址中找到各种版本 IDE 的下载地址，如图 2-1-2 所示。

按照以下安装步骤将开发程序安装到熟悉的文件位置，如图 2-1-3~图 2-1-8 所示。

图 2-1-2 下载界面

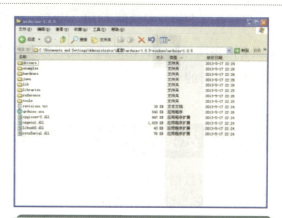

图 2-1-3 安装位置

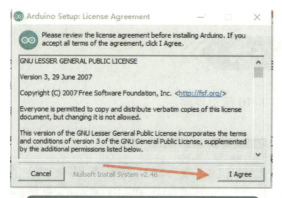

图 2-1-4 同意软件使用协议

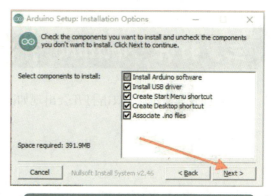

图 2-1-5 下一步

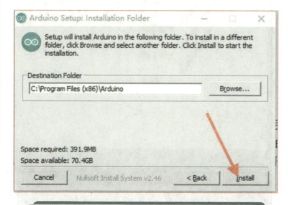

图 2-1-6 安装软件位置（需记住）

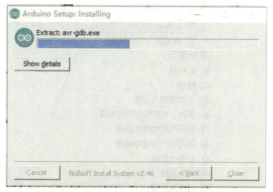

图 2-1-7 等待安装

安装好官方的开发软件（IDE）之后，电脑桌面会出现图标，以后编写代码都是打开这个图标进行的。

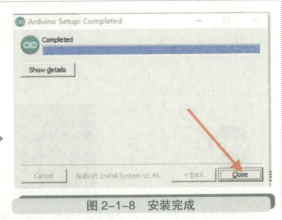

图 2-1-8　安装完成

二、安装 USB 驱动

下面用带数据传输功能的 USB 接口把开发板与电脑连接。此时系统会自动安装驱动文件，在电脑的右下角会有一个安装驱动的提示。不到 1 min 就可以安装成功。安装好之后在电脑的设备管理器页面会出现如图 2-1-9 所示界面。

三、打开 Arduino 开发环境

找到桌面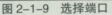图标，双击打开会出现如图 2-1-10 所示界面。

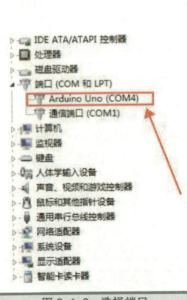

图 2-1-9　选择端口

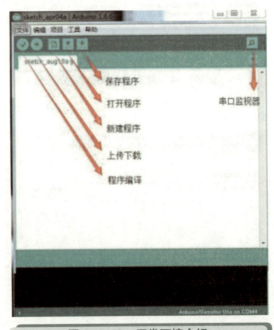

图 2-1-10　开发环境介绍

打开软件后，我们就可以在窗口的空白处编写程序了。下面将以下代码直接复制到软件中。

```
int LED=10; // 定义数字接口 10
void setup( )
{
    pinMode(LED, OUTPUT); // 设置数字 10 口为输出接口，Arduino 上我们用到的
I/O 口都要进行类似这样的定义
}
void loop( ) // 死循环体
{
    digitalWrite(LED, HIGH); //I/O 口 10 设置为高电平，点亮数字 10 口 LED
    delay(500); // 延时 500 ms
    digitalWrite(LED, LOW); //I/O 口 10 设置为低电平，熄灭数字 10 口 LED
    delay(500); // 延时 500 ms
}
```

四、编译程序

单击 验证程序，这时验证按钮会变成黄色，下面出现正在验证项目，这表示软件正在对所写的程序进行验证，如图 2-1-11 所示。

等待一会儿，会看到验证按钮恢复到原来的状态，编译完成，最下面一段文字说明编写的程序共有 32 256 字节，这表明程序验证成功，并且没有语法上的错误。具体界面如图 2-1-12 所示。

图 2-1-11 程序验证

图 2-1-12 程序验证正确提示

下面来看若程序有语法错误将会出现什么状态。将程序中的 pinMode (LED, OUTPUT)；后面的大括号去掉，单击编译按钮，编译完成后会出现如图 2-1-13 所示错误提示。

信息栏处告诉我们在"{"之前有错误，而程序处用粉颜色将"{"覆盖，表示错误就在这附近。从程序中看到错误确实在大括号附近，将大括号添上后就会编译成功。以后编写程序出现错误时就可以通过看下面信息栏里的提示信息来调试程序。

图 2-1-13　程序验证错误提示

五、上传程序

上传程序前先将开发板型号和 COM 口选好。单击工具选择开发板型号（Arduino Uno）和端口（选择设备管理器页面显示的 COM4），如图 2-1-14 所示。

选好板子型号和 COM 口之后，单击 Arduino 软件上的上传按钮，上传按钮变成橙色，软件下方出现 Uploading to I/O Board，同时板子上标有 TX 和 RX 的灯会亮，如图 2-1-15 所示。

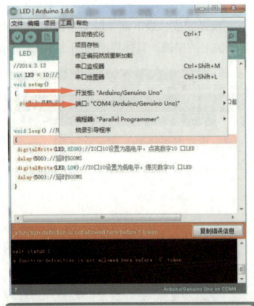

图 2-1-14　选择开发板型号和端口

图 2-1-15　上传程序

程序上传完毕，上传按钮恢复原来的颜色，界面下方出现"上传成功"的字样，如图 2-1-16 所示。

图 2-1-16　程序上传成功

如果没有显示上传成功，而是出现了红色的字，则表示上传失败，可以检查 USB 线是否连接好、电源开关是否打开、COM 口是否选对，等等。如果出现如图 2-1-16 所示界面，则表示程序上传成功。

课题 2.2　汽车 LED 的控制编程

学习任务 2.2.1　汽车双闪模型的制作

学习目标

1. 了解 LED 的技术参数及分压（限流）电阻的作用。
2. 掌握硬件电路的接线方法。
3. 掌握软件程序的含义。

汽车行驶过程中，如果在道路上发生故障或者发生交通事故，则应该打开双闪灯，以提醒过往车辆注意安全。本节实验就是利用 LED 灯编程模拟汽车双闪灯。

一、实验用器件

效果视频

Arduino UNO 板及配套 USB 数据线：1 套。
LED 灯：1 颗。
220 Ω 的电阻：1 个。
面包板：1 个。
跳线：若干。

二、硬件连接

取出所有元件，按照如图 2-2-1 所示线路进行连接。在这里要确保 LED 连接的正确性，LED 长脚为"+"，短脚为"-"，完成连接后，给 Arduino 接上 USB 数据线，供电，准备上传程序。

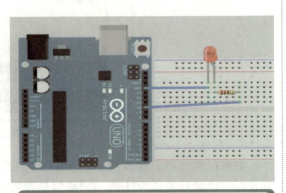

图 2-2-1 硬件连接图

三、输入代码

打开 Arduino IDE，在编辑框中输入下面的样例代码。

```
// 汽车双闪灯
int LED=10; // 定义数字接口 10
void setup( )
{
    pinMode(LED, OUTPUT); // 设置数字 10 口为输出接口，Arduino 上我们用到的
I/O 口都要进行类似这样的定义
}
void loop( ) // 死循环体
{
    digitalWrite(LED, HIGH); //I/O 口 10 设置为高电平，点亮数字 10 口 LED
    delay(500); // 延时 500 ms
    digitalWrite(LED, LOW); //I/O 口 10 设置为低电平，熄灭数字 10 口 LED
    delay(500); // 延时 500 ms
}
```

输入完毕，单击 IDE 的"校验（Verify）"，查看输入代码是否通过编译。如果显示没有错误，则单击"上传（Upload）"，给 Arduino 上传程序，之后就可以看到面包板上的红色 LED 每隔 0.5 s 交替亮灭一次。

四、代码讲解

Arduino 语言是以 setup( ) 开头，loop( ) 作为主体的一个程序构架。Arduino 程序必须包含 setup( ) 和 loop( ) 两个函数，否则不能正常工作。setup( ) 用来初始化变量，定义引脚模式，调用库函数等，此函数只运行一次。本程序在 setup( ) 中用输入输出模式定义函数 pinMode(pin,mode)，将数字的第 10 引脚设置为输出模式。

loop( ) 函数是一个循环函数，只要不断电，函数内的语句就会一直循环执行下去，本程序在 loop( ) 中先用数字 10 口输出电平定义函数 digitalWrite(pin,value) 将数字 10 口定义为高电平，点亮 LED 灯；接着调用延时函数 delay(ms)（单位 ms）延时 500 ms，发光二极管亮 0.5 s；再用数字 10 口输出电平定义函数 digitalWrite(pin,value) 将数字 10 口定义为低电平，熄灭 LED 灯；接着再调用延时函数 delay(ms)（单位 ms）延时 500 ms，让发光二极管熄灭 0.5 s。因为 loop( ) 函数是一个循环函数，所以这个过程会不断地循环。因此可以看到 LED 灯一闪一闪的。

五、硬件讲解

1. 面包板

面包板（集成电路实验板）是电路实验中一种具有多孔插座的插件板，在进行电路实验时，可以根据电路连接要求，在相应孔内插入电子元器件的引脚以及导线等，使其与孔内弹性接触片接触，由此连接成所需的实验电路。图 2-2-2 所示为迷你面包板的示意图，从图中我们可以看到，面包板的两边拥有 4 组 8 条横向相连的插孔，这 4 组横孔我们称之为电源孔，一般作为电源引入的通路，中间是上、下两部分，纵向每 5 个孔为一个通道（这 5 个孔是连通的），这就是我们的主工作区，用来插接原件和跳线。

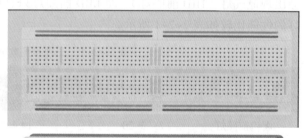

图 2-2-2 迷你面包板的示意图

2. 汽车 LED 灯

1）汽车车灯的发展

汽车前照灯从最初靠乙炔气火焰发光发展到当今的 LED 智能大灯，经历了五代的演变，其过程如下：

第一代——乙炔气前照灯，相比之前人们把手提灯当作前照灯来说，乙炔气前照灯是真正意义上的前照灯，乙炔气火焰的亮度非常高，是当时其他材质的前照灯亮度的好几倍，但是直接的火焰照明相对来说安全性要差一些。

第二代——电光源前照灯，电光源前照灯主要是指充气白炽灯泡，它发明于20世纪初。与上一代的乙炔气前照灯相比，它最大的特点是亮度高、安全性高，然而由于当时技术和设备比较落后，白炽灯的电源和控制成为最大的问题，直到20世纪中叶才得到广泛的使用。由于其自身的原因，白炽前照灯使用寿命比较短。

第三代——卤钨前照灯，卤钨前照灯就是在灯内充入碘，灯丝因热而挥发出的钨元素会和灯泡内的碘元素化合生成碘化钨；生成的碘化钨在灯泡内移动，遇到发热的灯丝后，又分解成碘元素和钨元素，在不断的化学变化过程中，灯丝不会因为热而断掉，灯泡也不会因为元素的蒸发和沉积而变黑，这就极大地保证了灯泡的使用寿命和安全性。

第四代——氙气大灯，氙气大灯比卤钨前照灯的亮度高一倍，寿命长十倍，而能耗却只有卤钨灯的70%。由于氙气大灯的色温更接近自然光，因此它极大地提高了车辆夜间行车的安全性和可靠性。氙气大灯优势比较明显，正在逐步取代卤钨灯成为汽车前照灯的主流。

第五代——LED前照灯，LED前照灯是指采用白色LED灯泡组成的汽车前照灯，是目前高端车型前照灯的首选。丰田在2007年发布的雷克萨斯LS600h型轿车上首次采用了LED前照灯。LED灯的功耗非常低，对汽车蓄电池的影响非常小，并且由于结构原因，几乎在车辆使用的年限内不会损坏，同时由于起动过程不需要大电流或者高电压，所以避免了大灯开启时的延迟，几乎可以做到即开即亮的效果。由于LED灯结构比较简单，体积也比较小，这就给了设计师一个机会：把前照灯设计成以往从来不敢想象的样子。汽车前照灯的发展必将走向大量使用LED灯泡的道路。

目前，中国国内国产汽车企业一般采用的都是卤钨前照灯，合资汽车企业的中高端产品中会出现氙气灯（HID前照灯），而LED前照灯只有在高端豪华车型中才会出现。三种类型前照灯的性能比较如表2-2-1所示。

表2-2-1　三种类型前照灯的性能比较

前照灯类型	亮度 /Mnit[①]	光效 /(lm·w^{-1})	相对色温 /K	使用寿命 /h
卤钨前照灯	3~20	14.4	2 790	1 000
HID前照灯	10~100	30~120	1 800~8 000	10 000~20 000
LED前照灯	3~40	120	2 800~7 000	50 000

从表2-2-1可以看出，LED前照灯的各项性能指标优势明显。而其最关键的一个优势是相比于其他类型车灯需要高电压或者大电流才能正常工作，它只需要很小的电流就可以工作。相对宽松的工作条件，使它能够更快地被点亮。

传统汽车车灯控制系统中仅有执行器、开关、熔断器、继电器等设备，采用传统点对点的通信方式进行连接，如图2-2-3所示。传统控制车灯的方式会使所有的车灯控制电路都要经

---

① 尼特，亮度单位，$1nit=1cd/m^2$。

过熔断器盒、继电器和车灯开关,这就使得车灯开关处的线路非常复杂,导致维修难度提高和车辆安全性、可靠性降低。

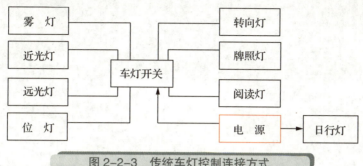

图 2-2-3　传统车灯控制连接方式

从 20 世纪 90 年代到 21 世纪初,传统的汽车车灯控制方式大量被采用。直到单片机技术成熟后,才开始用单片机逐步取代继电器和熔丝。采用了功率芯片和车载网络系统的车灯系统,对车灯的控制更加精确化和智能化,同时还具备自诊断的能力,能够及时地把车灯的工作状况反映给驾驶员。近几年这种智能化车灯系统得到了较快的发展。

2)LED 车灯

LED 车灯是一块电致发光的半导体材料芯片,首先用银胶或白胶固化到支架上,然后用银线或金线连接芯片和电路板,四周用环氧树脂密封,起到保护内部芯片的作用,最后安装外壳,所以 LED 车灯的抗振性能好。常见的发光二极管如图 2-2-4 所示。

发光二极管与普通二极管一样,都是由 PN 结组成的,也具有单向导电性。发光二极管的两根引线中较长的一根为正极,应连接电源正极。有的发光二极管的两根引线一样长,管壳上有一凸起的小舌的引线是正极。其内部结构如图 2-2-5 所示。

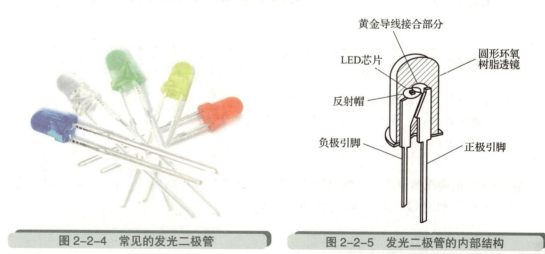

图 2-2-4　常见的发光二极管　　　　图 2-2-5　发光二极管的内部结构

最初 LED 灯用作仪器仪表的指示光源,后来各种光色的 LED 灯在交通信号灯和大面积显示屏中得到了广泛应用。但对于照明而言,人们更需要白色的光源。随着 1998 年发白光的 LED 灯开发成功,汽车照明系统也得到了质的飞跃。典型 LED 车灯结构如图 2-2-6 所示。

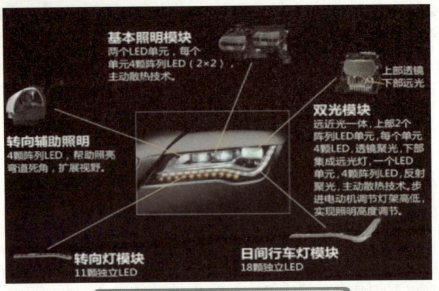

图 2-2-6　典型 LED 车灯结构

LED 灯光源具有使用低压电源、耗能少、适用性强、稳定性高、响应时间短、对环境无污染、多色发光等优点，虽然价格较现有照明器材昂贵，但其仍将不可避免地替代现有照明器件。

学习任务 2.2.2　汽车流水灯模型的制作

学习目标

1. 掌握硬件电路的接线方法。
2. 掌握程序的含义，并能增加 LED 灯或减小 LED 灯数量。
3. 熟练掌握 for 循环的含义及应用。

某些汽车制造商在制作汽车车灯的时候，为了能够使灯具更加醒目，把转向灯设置成流水灯，本节实验就是利用 LED 灯编程模拟汽车流水灯。

一、实验用器件

Arduino UNO 板及配套 USB 数据线：1 套。
LED 灯：6 颗。

220 Ω 的电阻:6 个。

面包板:1 个。

跳线:若干。

效果视频

二、硬件连接

取出所有元件,按照如图 2-2-7 所示线路进行连接。在这里要确保 LED 连接的正确性,LED 长脚为"+",短脚为"-",完成连接后,给 Arduino 接上 USB 数据线,供电,准备上传程序。

取出所有元件,然后按照图 2-2-7 二极管的接线方法,将 6 颗 LED 灯依次接到数字 1~6 引脚上。

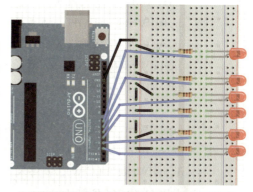

图 2-2-7 硬件连接图

三、输入代码

在编辑框中输入以下代码:

```
// 汽车流水灯
int LED1=1; // 定义数字接口 1
int LED2=2; // 定义数字接口 2
int LED3=3; // 定义数字接口 3
int LED4=4; // 定义数字接口 4
int LED5=5; // 定义数字接口 5
int LED6=6; // 定义数字接口 6
void setup( )
{
    pinMode(1,OUTPUT); // 设置数字 1 口为输出接口
    pinMode(2,OUTPUT); // 设置数字 2 口为输出接口
    pinMode(3,OUTPUT); // 设置数字 3 口为输出接口
    pinMode(4,OUTPUT); // 设置数字 4 口为输出接口
    pinMode(5,OUTPUT); // 设置数字 5 口为输出接口
    pinMode(6,OUTPUT); // 设置数字 6 口为输出接口
}
void loop( )
{
    digitalWrite(1,HIGH); // 点亮 1 引脚相连的 LED 灯
    delay(100); // 延时 100 ms
    digitalWrite(2,HIGH); // 点亮 2 引脚相连的 LED 灯
```

```
        delay(100); // 延时 100 ms
        digitalWrite(3,HIGH); // 点亮 3 引脚相连的 LED 灯
        delay(100); // 延时 100 ms
        digitalWrite(4,HIGH); // 点亮 4 引脚相连的 LED 灯
        delay(100); // 延时 100 ms
        digitalWrite(5,HIGH); // 点亮 5 引脚相连的 LED 灯
        delay(100); // 延时 100 ms
        digitalWrite(6,HIGH); // 点亮 6 引脚相连的 LED 灯
        delay(100); // 延时 100 ms

        digitalWrite(6,LOW); // 熄灭 6 引脚相连的 LED 灯
        delay(100); // 延时 100 ms
        digitalWrite(5,LOW); // 熄灭 5 引脚相连的 LED 灯
        delay(100); // 延时 100 ms
        digitalWrite(4,LOW); // 熄灭 4 引脚相连的 LED 灯
        delay(100); // 延时 100 ms
        digitalWrite(3,LOW); // 熄灭 3 引脚相连的 LED 灯
        delay(100); // 延时 100 ms
        digitalWrite(2,LOW); // 熄灭 2 引脚相连的 LED 灯
        delay(100); // 延时 100 ms
        digitalWrite(1,LOW); // 熄灭 1 引脚相连的 LED 灯
        delay(100); // 延时 100 ms
}
```

输入完毕,单击 IDE 的"校验(Verify)",查看输入代码是否通过编译。如果显示没有错误,则单击"上传(Upload)",给 Arduino 上传程序。之后就可以看到面包板上的 LED 灯依次点亮,并且倒序熄灭的过程。

四、拓展实验

在上面的程序中实现 6 颗 LED 的顺序控制时,我们需要重复写同一条语句很多次,如果将 6 颗 LED 灯扩展为 100 颗,那么我们需要写更多的重复语句,这样无疑会使效率降低,也会使程序占用过多的存储空间。为了解决这个问题,下面我们用 for 循环语句来编写汽车流水灯的模型程序。

```
// 汽车流水灯
int LED1=1; // 定义数字接口 1
int LED2=2; // 定义数字接口 2
```

```
int LED3=3; // 定义数字接口 3
int LED4=4; // 定义数字接口 4
int LED5=5; // 定义数字接口 5
int LED6=6; // 定义数字接口 6
void setup( )
{
    pinMode(1,OUTPUT); // 设置数字 1 口为输出接口
    pinMode(2,OUTPUT); // 设置数字 2 口为输出接口
    pinMode(3,OUTPUT); // 设置数字 3 口为输出接口
    pinMode(4,OUTPUT); // 设置数字 4 口为输出接口
    pinMode(5,OUTPUT); // 设置数字 5 口为输出接口
    pinMode(6,OUTPUT); // 设置数字 6 口为输出接口
}
void loop( )
{
    for(j=1;j<=6;j++)// 每隔 100 ms 依次点亮 1~6 引脚相连的 LED 灯
    {
        digitalWrite(j,HIGH); // 点亮 j 引脚相连的 LED 灯
        delay(100); // 延时 100 ms
    }
    for(j=6;j>=1;j--)// 每隔 100 ms 依次熄灭 6~1 引脚相连的 LED 灯
    {
        digitalWrite(j,LOW); // 熄灭 j 引脚相连的 LED 灯
        delay(100); // 延时 100 ms
    }
}
```

五、代码讲解

程序代码中用到的 for(j=1;j<=6;j++) 是一个 for 循环语句，它的一般形式为 for(< 初始化 > ; < 条件表达式 > ; < 增量 >){ }。初始化是一个赋值语句，它用来给循环控制变量赋初始值；条件表达式是一个关系表达式，若满足条件则执行大括号里面的语句，之后循环控制变量值按照增量方式变化。然后再重新判断条件，直到条件为假，则结束循环。

学习任务 2.2.3　汽车简易呼吸灯模型的制作

学习目标

1. 了解数字量和模拟量的含义及 PWM 技术。
2. 掌握硬件电路的接线方法。
3. 掌握程序的含义。

呼吸灯是指灯光在微电脑的控制下完成由亮到暗的逐渐变化,好像灯在呼吸一样。呼吸灯在汽车领域特别是在高端车型中大量被应用,起到了很好的视觉装饰效果。本节实验就是利用 LED 灯编程模拟汽车简易呼吸灯模型。

一、实验用器件

Arduino UNO 板及配套 USB 数据线:1 套。
LED 灯:1 颗。
220 Ω 的电阻:1 个。
面包板:1 个。
跳线:若干。

效果视频

二、硬件连接

取出本实验所用的元件,进行连接。本实验的硬件连接与任务 2.2.1 相同,可以参照任务 2.2.1 连接线路,这里不再赘述。完成连接后,给 Arduino 接上 USB 数据线,供电,准备上传程序。

三、输入代码

在编辑框中输入以下代码:

```
// 汽车呼吸灯
int LED=10; // 定义数字接口 10
void setup( ) {
    pinMode(LED,OUTPUT); // 设置数字 10 口为输出接口
}
```

```
void loop() {
    for(int zhi=0;zhi<=255;zhi++)// 10 脚相连的 LED 灯实现从灭到亮的逐渐变化
    {
        analogWrite(LED,zhi); //10 脚相连的 LED 灯亮度值为 zhi
        delay(2); // 延时 2 ms
    }
    for(int zhi=255;zhi>=0;zhi--)// 10 脚相连的 LED 灯实现从亮到灭的逐渐变化
    {
        analogWrite(LED,zhi); //10 脚相连的 LED 灯亮度值为 zhi
        delay(2); // 延时 2 ms
    }
}
```

输入完毕，单击 IDE 的"校验（Verify）"，查看输入代码是否通过编译。如果显示没有错误，则单击"上传（Upload）"，给 Arduino 上传程序。之后我们便可以看到面包板上的 LED 灯从灭逐渐到最亮，再从最亮逐渐变灭的循环过程。

四、代码讲解

上面程序用到的大部分代码我们已经很熟悉了，比如初始化变量声明、引脚设置、for 循环等。但是在 for 语句中涉及一个新的函数：analogWrite(pin, value)。该函数可以发送一个模拟值到一个数字引脚。但是使用这个函数要具备特定的条件——该数字引脚具有 PWM 功能。观察 Arduino 板，查看数字引脚，其中有 6 个数字引脚（3，5，6，9，10，11）旁标有"~"，这些数字引脚不同于其他引脚，因为它们可以输出 PWM 信号。analogWrite( ) 函数括号里包含两个部分，第一部分用于写 PWM 引脚，第二部分用于给 PWM 口写入一个 0~255 的模拟值。在使用这个函数时一定要特别注意的是，analogWrite( ) 函数只能写入具有 PWM 功能的数字引脚。

PWM 是一项通过数字方法来获得模拟量的技术。数字控制会形成一个方波，方波信号只有开关两种状态（也就是数字引脚的高低）。通过控制开与关所持续时间的比值就能模拟一个在 0~5 V 变化的电压。开（学术上称为高电平）所占用的时间叫作脉冲宽度，所以 PWM 也叫作脉冲宽度调制。下面通过如图 2-2-8 所示的五个方波来更形象地解释 PWM。

图 2-2-8 中绿色竖线代表方波的一个周期。每个 analogWrite(pin，value) 中写入的 value 都能对应一个百分比，这个百分比也称占空比，是指一

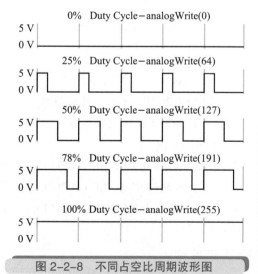

图 2-2-8 不同占空比周期波形图

个周期内高电平持续时间与一个完整周期的时间的比值。图 2-2-8 中,从上往下,第一个方波,占空比为 0%,对应的 value 为 0,LED 灯亮度最低,也就是灭的状态。高电平持续时间越长,也就越亮。所以,最后一个占空比为 100% 的对应 value 是 255,LED 灯此时最亮。占空比为 50% 时,LED 灯的亮度是最亮的亮度的一半;占空比为 25% 时,LED 灯亮度则相对更暗。PWM 不仅可以用于调节 LED 灯的亮度,还可以对电动机的转动速度进行调节。

五、拓展实验一

在上个实验中,我们通过制作汽车简易呼吸灯模型,学会了如何对灯的亮度进行控制。下面,我们将利用手上的元件来模拟火焰闪烁的效果,制作简易的火焰灯模型。

1. 实验用器件

Arduino UNO 板及配套 USB 数据线:1 套。
LED 灯:3 颗(1 红、2 黄)。
220 Ω 的电阻:3 个。
面包板:1 个。
跳线:若干。

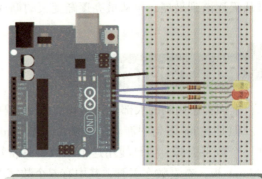

效果视频

2. 硬件连接

取出所有元件,按照如图 2-2-9 所示线路进行连接。完成连接后,给 Arduino 接上 USB 数据线,供电,准备上传程序。

图 2-2-9　硬件连接图

3. 输入代码

打开 Arduino IDE,在编辑框中输入下面的样例代码。

```
// 火焰灯模型
int LED1=9; // 定义数字接口 9
int LED2=10; // 定义数字接口 10
int LED3=11; // 定义数字接口 11
void setup( ) {
    pinMode(LED1,OUTPUT); // 设置数字 9 口为输出接口
    pinMode(LED2,OUTPUT); // 设置数字 10 口为输出接口
    pinMode(LED3,OUTPUT); // 设置数字 11 口为输出接口
}
void loop( ) {
    analogWrite(LED1,random(0,120)+135); //9 脚相连的 LED 灯的亮度值为 135~255
```

之间的随机值
　　　　　analogWrite(LED2,random(0,120)+135); //10 脚相连的 LED 灯的亮度值为 135~255 之间的随机值
　　　　　analogWrite(LED3,random(0,120)+135); //11 脚相连的 LED 灯的亮度值为 135~255 之间的随机值
　　　　　delay(random(0,100)); // 延时时间为 0~100 ms 之间的随机值
　　}

输入完毕，单击 IDE 的"校验（Verify）"，查看输入代码是否通过编译。如果显示没有错误，则单击"上传（Upload）"，给 Arduino 上传程序。之后我们就可以看到火焰闪烁的效果。

4. 代码讲解

上面的程序涉及一个新的函数：random(min,max)。random( ) 函数的用法很简单，就是在最小值 min 到最大值 max 之间随机取值。在这个程序中，我们让 LED 灯的亮度在 135~255 之间随机取值，这种小幅的亮度变化会有一种火焰跳跃的即视感，如果用浅色罩子盖住效果会更好。

六、拓展实验二

为了强化新语句的运用，下面我们利用手上的元件来制作彩灯的简易模型。

效果视频

1. 实验用器件

Arduino UNO 板及配套 USB 数据线：1 套。
RGB–LED：1 颗。
220 Ω 的电阻：3 个。
面包板：1 个。
跳线：若干。

2. 硬件连接

取出本实验所用的元件，按照如图 2-2-10 所示线路进行连接。完成连接后，给 Arduino 接上 USB 数据线，供电，准备上传程序。

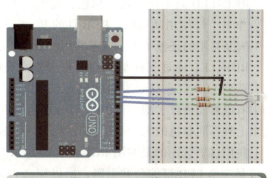

图 2-2-10　硬件连接图

3. 输入代码

打开 Arduino IDE，在编辑框中输入下面的样例代码。

// 汽车氛围灯模型
int blue=9; // 定义数字接口 9

```
int green=10; // 定义数字接口 10
int red=11; // 定义数字接口 11
void setup( ) {
    pinMode(blue,OUTPUT); // 设置数字 9 口为输出接口
    pinMode(green,OUTPUT); // 设置数字 10 口为输出接口
    pinMode(red,OUTPUT); // 设置数字 11 口为输出接口
}
void loop( ) {
    analogWrite(blue,random(0,255)); //9 脚相连的 LED 灯的亮度值为 0~255 之间的随机值
    analogWrite(green,random(0,255)); //10 脚相连的 LED 灯的亮度值为 0~255 之间的随机值
    analogWrite(red,random(0,255)); //11 脚相连的 LED 灯的亮度值为 0~255 之间的随机值
    delay(1000); // 延时 1 000 ms
}
```

输入完毕，单击 IDE 的"校验（Verify）"，查看输入代码是否通过编译。如果显示没有错误，则单击"上传（Upload）"，给 Arduino 上传程序。之后我们便可以看到面包板上的 RGB-LED 颜色呈现随机的变化，而不只是单一的一种颜色。

4. 硬件讲解

RGB-LED 只是把红色、绿色、蓝色三个颜色的 LED 灯封装在一个 LED 灯中，使用时只要当作三个灯使用就可以。RGB 灯的 R、G、B 三个引脚分别连接到 LED 灯的一端，还有一个引脚是共用的正极（阳）或者共用的负极（阴），如图 2-2-11 所示。

RGB-LED 通过三种基色 LED 灯分别点亮两个 LED 灯时，它可以发出黄、紫、青色（如红、蓝两 LED 灯点亮时发出紫色光）；当红、绿、蓝三种 LED 同时点亮时，它会产生白光。如果有电路能使红、绿、蓝 LED 灯分别两两点亮、单独点亮及三基色 LED 灯同时点亮，则能发出七种不同颜色的光，于是就出现了七彩 LED 灯。

我们这里选用的是共阴 RGB。图 2-2-11 中的 R、G、B 其实就是三个 LED 灯的正极，而负极是三个 LED 灯的公共引脚，所以称之为共阴 RGB。而 RGB 灯实现的变色原理就是三原色原理，Arduino 通过 PWM 口对三种颜色进行明暗的调节，即运用 analogWrite(pin, value) 语句，让 LED 调出任意需要的颜色。图 2-2-12 所示为通过设置三个 LED 灯的不同 PWM 值得到的几种典型的颜色。当然可调的色彩远多于表 2-2-2 所示，有兴趣的可以动手尝试一下。

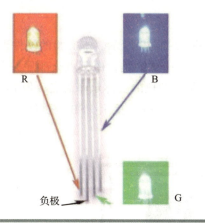

图 2-2-11 RGB-LED 结构

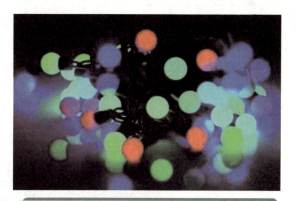

图 2-2-12 RGB-LED 效果图

表 2-2-2 几种可调颜色示意

红色	绿色	蓝色	颜色
255	0	0	红色
0	255	0	绿色
0	0	255	蓝色
255	255	0	黄色
0	255	255	蓝绿色
255	0	255	紫红色
255	255	255	白色

七、拓展实验三

汽车节气门的改变会影响发动机各个点火线圈的点火时间间隔。本实验通过 8 颗 LED 灯的亮灭来模拟节气门影响 V8 发动机点火线圈工作时间间隔的工作过程。LED 灯亮的时间代表点火，灭的时间代表不点火。在连接硬件电路时，重新复习 8 缸发动机的点火顺序。

1. 实验用器件

Arduino UNO 板及配套 USB 数据线：1 套。

LED 灯：8 颗。

220 Ω 的电阻：8 个。

滑动变阻器：1 个。

面包板：1 个。

跳线：若干。

效果视频

2. 硬件连接

取出本实验所用的元件，进行连接，连接方法如图 2-2-13 所示。本实验的硬件连接涉及以前学习过的 LED 灯连接，这里不再赘述。在这里需要注意的是，由于点火顺序并非以 1~8 这样顺序进行，所以，在硬件电路连接时，LED 灯按照发动机的缸体顺序命名，但 I/O 口的分配按照数字序列连接，方便程序编写。完成连接后，给 Arduino 接上 USB 数据线，供电，准备上传程序。

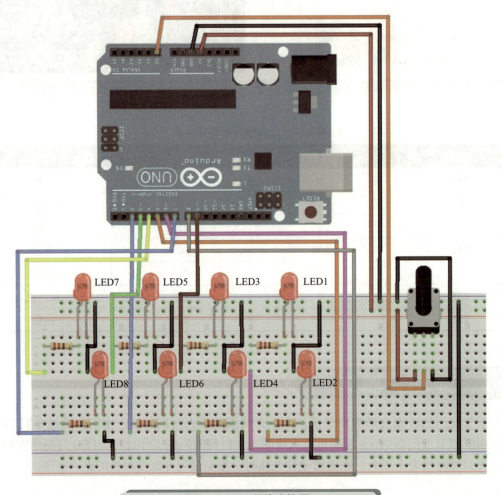

图 2-2-13　硬件连接图

3. 输入代码

打开 Arduino IDE，在编辑框中输入下面的样例代码。

```
// 汽车发动机点火线圈开关时间控制
// 注意 LED 序号与 I/O 口序号的区别
int LED6=2; // 定义数字接口 2
int LED5=3; // 定义数字接口 3
```

```
int LED7=4; // 定义数字接口 4
int LED2=5; // 定义数字接口 5
int LED1=6; // 定义数字接口 6
int LED8=7; // 定义数字接口 7
int LED4=8; // 定义数字接口 8
int LED3=9; // 定义数字接口 9
int value=0;
void setup( ) {
    for(int i=2; i<=9; i++){
        pinMode(i ,OUTPUT); // 设置数字 2~9 口为输出接口
    }
}
void loop( ){
    value=analogRead(0); // 读取节气门电压模拟值（0~1 023 对应 0~5 V）
    int PWMtime=value / 2; // 将电压模拟值换算成合适的延时时间，此处的 2 可以随意更换，自己尝试不同的效果来理解这里的数字含义。
    for( int n=2; n <= 9; n++){
        digitalWrite( n, HIGH);
        delay(PWMtime);
        digitalWrite(n, LOW);
        delay(PWMtime);
    }
}
```

输入完毕，单击 IDE 的"校验（Verify）"，查看输入代码是否通过编译。如果显示没有错误，则单击"上传（Upload）"，给 Arduino 上传程序。之后我们便可以看到面包板上的 LED 灯会因为滑动变阻器处在不同位置而影响 LED 灯闪烁的间隔时间（点火间隔时间）。

4. 代码讲解

上面程序用到的大部分代码我们已经很熟悉了，比如初始化变量声明、引脚设置、for 循环等。现代车辆加速踏板可近似理解为滑动变阻器，只是踏板内部结构会生成两个成比例的电压信号，ECU 对电压信号进行对比确认，保证得到的是正确的加速信号。因此，此项任务使用滑动变阻器来代替加速踏板。滑动变阻器采用典型分压电路接入单片机模拟输入口 A0 中。当滑动变阻器滑动时，单片机 A0 口会得到 0~5 V 电压信号，通过单片机内部的模数转换器将其转换为对应的 0~1 023。

value/2 代表将 0~1 023 个量换算成 0~511，也就是将点火及不工作的时间都控制在 0~511 ms，这里只是模拟点火顺序以及加速器对点火间隔的影响，并不代表实际情况下的点火时间。

课题 2.3 汽车蜂鸣器的控制编程

学习任务 2.3.1 汽车安全带报警模型的制作

学习目标

1. 了解有源、无源蜂鸣器的技术参数及工作原理。
2. 掌握硬件的接线方法。
3. 掌握程序的含义。

汽车行驶过程中，如果驾驶员或前排乘员忘记系安全带，那么车内会发出报警声音来提醒驾驶员和前排乘员系好安全带。本节实验就是利用蜂鸣器编程来模拟汽车安全带报警。

一、实验用器件

效果视频

Arduino UNO 板及配套 USB 数据线：1 套。
蜂鸣器：1 个。
杜邦线：2 根。

二、硬件连接

取出本实验所用的元件，按照如图 2-3-1 所示线路进行连接。完成连接后，给 Arduino 接上 USB 数据线，供电，准备上传程序。

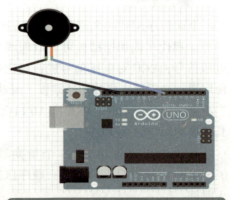

图 2-3-1 硬件连接图

三、输入代码

打开 Arduino IDE,在编辑框中输入下面的样例代码。

```
// 汽车安全带报警
int t=500; // 定义时间 t 为 500
int buzzer=7; // 定义数字接口 7
void setup() {
    pinMode(buzzer,OUTPUT); // 设置数字 7 口为输出接口
}
void loop() {
    tone(buzzer,100); // 数字 7 口以 100 Hz 的频率发出声音
    delay(t); // 延时 t ms
    noTone(buzzer); // 数字 7 口停止发出声音
    delay(t); // 延时 t ms
}
```

输入完毕,单击 IDE 的"校验(Verify)",查看输入代码是否通过编译。如果显示没有错误,则单击"上传(Upload)",给 Arduino 上传程序,之后就可以听到蜂鸣器发出像汽车安全带报警一样的声音。

四、代码讲解

上面程序涉及两个新的函数:tone(pin,frequency) 与 noTone(pin)。tone( ) 函数括号里包含了两个部分,第一部分 pin 是指连接到蜂鸣器的数字引脚,第二部分的 frequency 是指以 Hz 为单位的频率值,运用该函数可以让蜂鸣器按照我们设定好的频率发出声音。一般情况下设定的频率为 20 Hz~20 kHz,因为对于低于 20 Hz 的次声波和高于 20 kHz 的超声波,人耳均听不见。而 noTone( ) 函数括号里面只包括一个部分 pin,即连接到蜂鸣器的数字引脚,该函数的作用是结束该指定引脚上产生的声音。

五、硬件讲解

1. 蜂鸣器

蜂鸣器其实就是一种会发声的电子元件,分为有源蜂鸣器和无源蜂鸣器两种。有源蜂鸣器和无源蜂鸣器的根本区别是输入信号的要求不一样。这里的"源"不是指电源,而是指振荡源,有源蜂鸣器内部带振荡源,也就是只要一通电就会响。而无源蜂鸣器内部不带振荡源,所以仅用直流信号无法使其发出声音,必须用 2 K~5 K 的波形脉冲信号去驱动它。所以,对于

初学者来说有源蜂鸣器会更方便使用。有源蜂鸣器有正、负极之分，蜂鸣器的正极连接到数字口，蜂鸣器的负极接到GND插口中，连接时要注意，不要连错。

2. 汽车上的蜂鸣器

汽车蜂鸣器包括多方面的，比如倒车雷达提示音、安全带未系提示音、门未关好提示音等，如图2-3-2所示。而蜂鸣器的主要作用是提醒，如车上人员未按规定系好安全带（一般只在主副驾驶位上装有蜂鸣器），安全带警告灯和蜂鸣器提示装置就会发出警告，提示人员系好安全带，否则只要车辆一行驶它就响个不停，让车上人员无法忽视它的存在，而这对于提高人们的安全意识非常有帮助。另外，用于倒车雷达的蜂鸣器，当汽车倒车时，前后左右都会提醒驾驶员危险距离，当倒车时后方遇到障碍物时就会发出连续报警声，提示当前不能继续倒车，否则将会碰到障碍物，当然这对于车主而言也是非常有帮助的。

图 2-3-2　典型车辆蜂鸣器的使用

六、拓展实验

在上个实验中，我们制作了汽车安全带报警模型，学会了如何用语句控制蜂鸣器的声音。下面，我们将利用手上的元件来制作一个简易的音乐播放器。该项目将继续使用任务2.3.1所搭建的电路，在编写程序前，我们需要学习一些简单的乐理知识。

1. 乐理知识

1）音符的高低

在基本音符上方加记一个"·"，称为高音；加记"："，称为倍高音。

在基本音符下方加记一个"·"，称为低音；加记"："，称为倍低音。音符高低标注法如图2-3-3所示。

图 2-3-3　音符高低标注法

表 2-3-1 所示为音调与频率的对应关系。

表 2-3-1 音调与频率的对应关系

音调	低	中	高	倍高
1	262	523	1 046	2 093
1#	277	554	1 109	2 217
2	294	587	1 175	2 349
2#	311	622	1 245	2 489
3	330	659	1 318	2 637
4	349	698	1 397	2 794
4#	370	740	1 480	2 960
5	392	784	1 568	3 135
5#	415	831	1 661	3 322
6	440	880	1 760	3 520
6#	466	932	1 865	3 729
7	494	988	1 967	3 951

2）音符的增时线与减时线

在基本音符右侧加记一条短横线，表示增长一个音符的时值；在基本音符下方加记一条短横线，表示缩短原音符时值的一半。

3）附点音符

加记在单纯音符的右侧的小圆点"·"，称为附点。加记附点的音符称为附点音符。附点的意义在于增长原音符时值的一半。

4）休止符

休止符用 0 表示，休止符是一种不发声的符号，又称"无声的音符"。在音乐中，休止符一般起句逗作用，休止符停顿时间的长短与单音符的时值相同。

5）连音符

连音符后面的那些音符都要像唱歌不断气一样地演奏出来。如果这些音符是相同的，则只演奏第一个音符，后面的音符只起延长节拍的作用。

下面我们就以《虫儿飞》为样例，将如图 2-3-4 所示乐谱编译成代码，让蜂鸣器演奏出《虫儿飞》的音乐。按照任务要求完成连接后，给 Arduino 接上 USB 数据线，供电，准备上传程序。

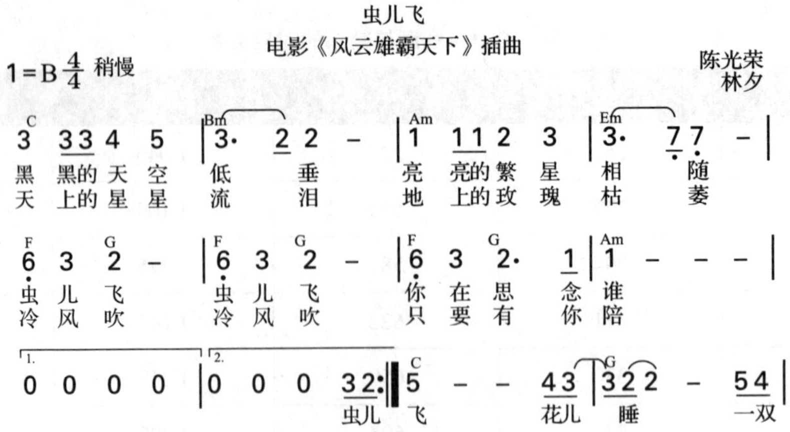

图 2-3-4 《虫儿飞》乐谱

2. 输入代码

打开 Arduino IDE，在编辑框中输入下面的样例代码。

```
//《虫儿飞》乐曲编写
int t=500; // 定义时间 t 为 500
int buzzer=7; // 定义数字接口 7
void setup( ) {
    pinMode(buzzer,OUTPUT); // 设置数字 7 口为输出接口
}
void loop( ) {
    tone(buzzer,659); // 数字 7 口以 659 Hz 的频率发出声音
    delay(t); // 延时 t ms
    tone(buzzer,659);
    delay(t/2);
    tone(buzzer,659);
    delay(t/2);
    tone(buzzer,698);
    delay(t);
    tone(buzzer,784);
    delay(t);
    tone(buzzer,659);
    delay(t*3/2);
    tone(buzzer,587);
    delay(t/2);
    tone(buzzer,587);
    delay(2*t);
```

```
tone(buzzer,523);
delay(t);
tone(buzzer,523);
delay(t/2);
tone(buzzer,523);
delay(t/2);
tone(buzzer,587);
delay(t);
tone(buzzer,659);
delay(t);
tone(buzzer,659);
delay(3*t/2);
tone(buzzer,494);
delay(t/2);
tone(buzzer,494);
delay(2*t);
tone(buzzer,440);
delay(t);
tone(buzzer,659);
delay(t);
tone(buzzer,587);
delay(2*t);
tone(buzzer,440);
delay(t);
tone(buzzer,659);
delay(t);
tone(buzzer,587);
delay(2*t);
tone(buzzer,440);
delay(t);
tone(buzzer,659);
delay(t);
tone(buzzer,587);
delay(3*t/2);
tone(buzzer,523);
delay(t/2);
tone(buzzer,523);
delay(4*t);
```

```
        noTone(buzzer);
        delay(t);
        noTone(buzzer);
        delay(t);
        noTone(buzzer);
        delay(t);
        noTone(buzzer);
        delay(t);
        noTone(buzzer);
        delay(t);
        noTone(buzzer);
        delay(t);
        noTone(buzzer);
        delay(t);
        noTone(buzzer);
        delay(t);
}
```

上面的程序中由于重复语句较多，这里不再一一解释，而蜂鸣器发出的不同频率值遵照的是音调与频率的对应关系表。程序输入完毕，单击 IDE 的"校验（Verify）"，查看输入代码是否通过编译。如果显示没有错误，则单击"上传（Upload）"，给 Arduino 上传程序，之后我们就可以听到蜂鸣器发出《虫儿飞》的乐曲了。

同学们可以在网上选择自己喜欢的歌曲，找到简谱，写好程序，让蜂鸣器放出来试一试。

学习任务 2.3.2　汽车喇叭模型的制作

学习目标

1. 了解按钮的技术参数。
2. 掌握输入（INPUT）的控制。
3. 掌握按钮电路的接线方法。
4. 掌握程序的含义。

汽车行驶过程中，驾驶员可以根据需要和规定发出必需的声音信号，用以警告并引起行人和其他车辆注意，保证交通安全。发出声音信号的装置就是汽车喇叭，本节实验就是利用蜂鸣器编程来模拟汽车喇叭模型。

一、实验用器件

Arduino UNO 板及配套 USB 数据线：1 套。
蜂鸣器：1 个。
按钮：1 个。
面包板：1 个。
1 kΩ 的电阻：1 个。
杜邦线：2 根。
跳线：若干。

效果视频

二、硬件连接

取出所有元件，按照如图 2-3-5 所示线路进行连接。完成连接后，给 Arduino 接上 USB 数据线，供电，准备上传程序。

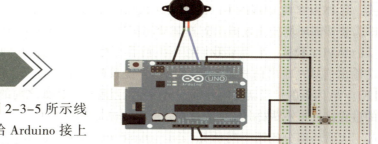

图 2-3-5　硬件连接图

三、输入代码

打开 Arduino IDE，在编辑框中输入下面的样例代码。

```
// 汽车喇叭模型
int anniu=7; // 定义数字接口 7
int laba=8; // 定义数字接口 8
void setup( ) {
    pinMode(anniu,INPUT); // 设置数字 7 口为输入接口
    pinMode(laba,OUTPUT); // 设置数字 8 口为输出接口
}
void loop( ) {
    int zhuangtai=digitalRead(anniu); // 定义 zhuangtai 为数字接口 7 读取的值
    if(zhuangtai==1)// 如果 zhuangtai 的值为 1（按钮按下），则执行下面大括号里的语句
    {
        tone(laba,800); // 数字 8 口以 800 Hz 的频率发出声音
    }
    else// 否则 zhuangtai 的值为 0（按钮没有按下），则执行下面大括号里的语句
    {
        noTone(laba); // 数字 8 口停止发出声音
    }
}
```

输入完毕，单击 IDE 的"校验（Verify）"，查看输入代码是否通过编译。如果显示没有错误，则单击"上传（Upload）"，给 Arduino 上传程序。这样，汽车喇叭模型就做好了，此时我们按下按钮，蜂鸣器就会像汽车喇叭一样发出声音，松开按钮，蜂鸣器就不再发出声音。

四、代码学习

上面的程序代码涉及了几个新的函数，下面来一一讲解。pinMode( ) 函数我们已经很熟悉了，在前面已经介绍过，但是 LED 与蜂鸣器有所不同的是，按钮要设置为 INPUT，即输入模式。那 INPUT 与 OUTPUT 的区别是什么呢？INPUT 是输入的信号，是外部给控制器的信号，即需要外部环境变化才能给到控制器的信号。比如像我们这个实验中用到的按钮，它就是典型的 INPUT 模式，它需要我们按下按钮后，控制器才能接收到外部给它的指令。而 OUTPUT 是输出信号，输出信号是需要让控制器能反映出某些特征，向外界发出信号，典型的就是 LED，它闪烁的过程就是向外部发出信号的过程。又比如之前的任务中用到的蜂鸣器，它发声的过程就是向外界发出信号的过程，所以它也是 OUTPUT。

大循环部分的第一句话 int zhuangtai=digitalRead(anniu) 是用来检测 anniu（引脚 7）的状态的。这里面出现了一个新的函数 digitalRead(pin)，其主要作用是读取数字引脚状态是 HIGH 还是 LOW（HIGH 是"1"，LOW 是"0"）。这里需要读取的是按钮信号，按钮所在引脚是数字引脚 7，由于前面做了声明，所以这里用 anniu，并且把读到的信号传递给变量 zhuangtai，用于后面判断。当 zhuangtai 为 1 时，说明按钮已被按下；当 zhuangtai 为 0 时，表明按钮没有按下。所以，可以直接检查 zhuangtai 的值来判断按钮是否被按下。

接下来说一下最后涉及的新语句——if/else 语句，下面是 if/else 语句的格式：

```
if( 表达式 ){
    语句；
}
else( 表达式 ){
    语句；
}
```

if/else 语句是一种条件判断语句，判断是否满足括号内的条件，若满足 if 括号内的表达式，则执行 if 大括号内的语句；若不满足 if 括号内的表达式，则跳出 if 语句并执行 if 大括号后面的语句，按照上面的语句格式，则要执行 else 语句部分。此时也要继续判断是否满足 else 括号内的条件，若满足 else 括号内的表达式，则执行 else 大括号内的语句；若不满足 else 括号内的表达式，则跳出 else 语句并执行 else 大括号后面的语句。其中的表达式一般情况下是指我们的判断条件，通常为一些关系式或逻辑式。在上面的案例里，else 语句并没有写表达式，是因为按钮的状态只有两种，即按下和没有按下，对应的分别为 1 与 0 两种状态值，所以如果不是 1，那么一定为另一种状态 0，因此就将 else 语句的表达式省略了，当然也可以写上。

五、硬件学习

按钮也叫按键开关,一共有 4 个引脚,图 2-3-6 所示为按钮的结构及工作原理。按下按钮,左右两侧被导通,而上下两端始终是连通的。按钮其实就是起到一个通断的作用。

在这个项目中,按钮控制数字引脚是否接高电平(接 5 V)。按下按钮,数字引脚 7 就能检测到为高电平,否则就是保持一个低电平的状态(接 GND)。按钮作为开关,当输入电路状态为 HIGH 时,电压要尽可能接近 5 V;当输入电路状态为 LOW 时,电压要尽可能接近 0 V。如果不能确保状态接近所需电压,这部分电路就会产生电压浮动。因此,在连接按钮时,需要接一个电阻来确保达到 LOW,这个电阻叫作下拉电阻。

如图 2-3-7 所示,图 2-3-7(a)电路是未接下拉电阻的电路,当按钮没被按下时,input 引脚就处于一个悬空状态,空气会使该引脚电压产生浮动,不能确保是 0 V。图 2-3-7(b)电路是接了下拉电阻的电路,当按钮没被按下时,输入引脚通过电阻接地确保为 0 V,不会产生电压浮动现象。

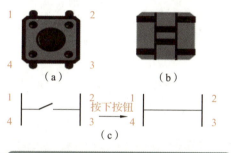

图 2-3-6 按钮的结构及工作原理
(a)正面;(b)背面;(c)工作原理

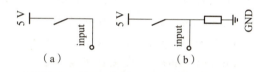

图 2-3-7 下拉电阻的作用
(a)未接下拉电阻;(b)接了下拉电阻

六、拓展实验

在上个样例任务中,通过用蜂鸣器来模拟汽车喇叭模型,我们初步掌握了按钮的硬件连接方式和 if/else 语句的用法。下面,为了更加熟练地运用上个任务中所学新知,我们将利用手上的元件制作简易电子琴模型。

1. 实验用器件

Arduino UNO 板及配套 USB 数据线:1 套。

蜂鸣器:1 个。

按钮:7 个。

面包板:1 个。

1 kΩ 的电阻:7 个。

杜邦线:2 根。

跳线:若干。

效果视频

2. 硬件连接

取出所有元件，按照如图 2-3-8 所示线路进行硬件连接。由于要模拟电子琴最基本的 7 个琴键，因此本实验用到了 7 个按钮，每个按钮的连接方式与任务样例实验的按钮连接方式是一样的，只需要耐心地连接即可。而蜂鸣器的连接这里不再介绍。完成连接后，给 Arduino 接上 USB 数据线，供电，准备上传程序。

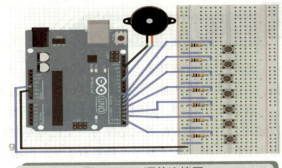

图 2-3-8　硬件连接图

3. 输入代码

打开 Arduino IDE，在编辑框中输入下面的样例代码。

```
// 简易电子琴模型
int buzzer=11; // 定义数字接口 11
int button1=1; // 定义数字接口 1
int button2=2; // 定义数字接口 2
int button3=3; // 定义数字接口 3
int button4=4; // 定义数字接口 4
int button5=5; // 定义数字接口 5
int button6=6; // 定义数字接口 6
int button7=7; // 定义数字接口 7
void setup( ) {
    pinMode(buzzer,OUTPUT); // 设置数字 11 口为输出接口
    pinMode(button1,INPUT); // 设置数字 1 口为输入接口
    pinMode(button2,INPUT); // 设置数字 2 口为输入接口
    pinMode(button3,INPUT); // 设置数字 3 口为输入接口
    pinMode(button4,INPUT); // 设置数字 4 口为输入接口
    pinMode(button5,INPUT); // 设置数字 5 口为输入接口
    pinMode(button6,INPUT); // 设置数字 6 口为输入接口
    pinMode(button7,INPUT); // 设置数字 7 口为输入接口
}
void loop( ) {
    int zt1=digitalRead(button1); // 定义 zt1 为数字接口 1 读取的值
    int zt2=digitalRead(button2); // 定义 zt2 为数字接口 2 读取的值
    int zt3=digitalRead(button3); // 定义 zt3 为数字接口 3 读取的值
    int zt4=digitalRead(button4); // 定义 zt4 为数字接口 4 读取的值
    int zt5=digitalRead(button5); // 定义 zt5 为数字接口 5 读取的值
    int zt6=digitalRead(button6); // 定义 zt6 为数字接口 6 读取的值
    int zt7=digitalRead(button7); // 定义 zt7 为数字接口 7 读取的值
```

```
            if(zt1==1)// 如果 zt1 的值为 1（第一个按钮按下），则执行下面大括号里的语句
            {
                    tone(buzzer,523); // 数字 11 口以 523 Hz 的频率发出声音，即蜂鸣器发出"1"音
            }
            else if(zt2==1)// 否则如果 zt2 的值为 1（第二个按钮按下），则执行下面大括号里的语句
            {
                    tone(buzzer,587); // 数字 11 口以 587 Hz 的频率发出声音，即蜂鸣器发出"2"音
            }
            else if(zt3==1)// 否则如果 zt3 的值为 1（第三个按钮按下），则执行下面大括号里的语句
            {
                    tone(buzzer,659); // 数字 11 口以 659 Hz 的频率发出声音，即蜂鸣器发出"3"音
            }
            else if(zt4==1)// 否则如果 zt4 的值为 1（第四个按钮按下），则执行下面大括号里的语句
            {
                    tone(buzzer,698); // 数字 11 口以 698 Hz 的频率发出声音，即蜂鸣器发出"4"音
            }
            else if(zt5==1)// 否则如果 zt5 的值为 1（第五个按钮按下），则执行下面大括号里的语句
            {
                    tone(buzzer,784); // 数字 11 口以 784 Hz 的频率发出声音，即蜂鸣器发出"5"音
            }
            else if(zt6==1)// 否则如果 zt6 的值为 1（第六个按钮按下），则执行下面大括号里的语句
            {
                    tone(buzzer,880); // 数字 11 口以 880 Hz 的频率发出声音，即蜂鸣器发出"6"音
            }
            else if(zt7==1)// 否则如果 zt7 的值为 1（第七个按钮按下），则执行下面大括号里的语句
            {
                    tone(buzzer,988); // 数字 11 口以 988 Hz 的频率发出声音，即蜂鸣器发出"7"音
            }
            else// 否则任何按钮均没有按下的情况，则执行下面大括号里的语句
            {
                    noTone(buzzer); // 数字 11 口停止发出声音
            }
    }
```

输入完毕，单击IDE的"校验（Verify）"，查看输入代码是否通过编译。如果显示没有错误，则单击"上传（Upload）"，给Arduino上传程序。这样，简易电子琴模型就做好了，此时我们就可以弹奏喜欢的歌曲了。

4. 代码学习

上面程序代码涉及else if语句，其实它是属于if/else语句的扩充选择语句，即当选择判断的条件较多时，我们就可以将基础的if/else语句扩充为if/else if/else if/else if/.../else语句来使用。

课题2.4 汽车数码管的控制编程

学习任务2.4.1 一位八段数码管的控制编程

学习目标

1. 了解数码管的管脚定义及工作原理。
2. 掌握硬件电路的接线。
3. 掌握程序的含义。

现在的车辆越来越多，尤其是私家车，但是大部分人还是更愿意选择公交车或者出租车出行。在乘坐公交车时，我们会依据公交车显示的路线号以及站点路线牌来选择乘坐哪辆公交车。那么本节实验任务就是如何利用一位八段数码管来显示公交车的路线号。

一、实验用器件

Arduino UNO 板及配套 USB 数据线：1 套。
一位八段数码管：1 个。
220 Ω 的电阻：7 个。
面包板：1 个。
跳线：若干。

效果视频

二、硬件连接

由于硬件接线较之前复杂一些，取出所有元件后，按照如图 2-4-1 所示线路在老师指导下进行分步连接。完成连接后，给 Arduino 接上 USB 数据线，供电，准备上传程序。

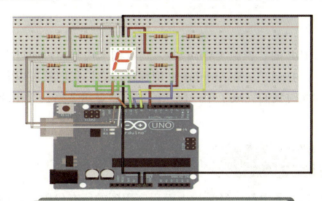

图 2-4-1　硬件连接图

三、输入代码

打开 Arduino IDE，在编辑框中输入下面的样例代码。

```
// 用一位八段数码管显示 2 路公交车线路号
int a=7; // 定义数字接口 7
int b=8; // 定义数字接口 8
int c=9; // 定义数字接口 9
int d=10; // 定义数字接口 10
int e=11; // 定义数字接口 11
int f=12; // 定义数字接口 12
int g=13; // 定义数字接口 13
void setup( ){
    for(int n=7;n<=13;n++)// 依次设置数字 7 口到数字 13 口为输出接口
```

```
        {
            pinMode(n, OUTPUT);  // 设置数字 n 口为输出接口
        }
}
void loop( ){
    // 让一位八段数码管显示 2
    digitalWrite(a, HIGH);  //I/O 口 7 设置为高电平，点亮数字 7 口连接的数码管区域
    digitalWrite(b, HIGH);  //I/O 口 8 设置为高电平，点亮数字 8 口连接的数码管区域
    digitalWrite(c, LOW);   //I/O 口 9 设置为低电平，熄灭数字 9 口连接的数码管区域
    digitalWrite(d, HIGH);  //I/O 口 10 设置为高电平，点亮数字 10 口连接的数码管区域
    digitalWrite(e, HIGH);  //I/O 口 11 设置为高电平，点亮数字 11 口连接的数码管区域
    digitalWrite(f, LOW);   //I/O 口 12 设置为低电平，熄灭数字 12 口连接的数码管区域
    digitalWrite(g, HIGH);  //I/O 口 13 设置为高电平，点亮数字 13 口连接的数码管区域
}
```

输入完毕，单击 IDE 的"校验（Verify）"，查看输入代码是否通过编译。如果显示没有错误，则单击"上传（Upload）"，给 Arduino 上传程序。之后我们就可以看到面包板上的一位数码管上显示"2"，即此时我们完成了用一位八段数码管显示 2 路公交车线路号的任务。

四、代码学习

我们在之前的项目任务中都已经学过上面程序用到的所有代码，比如初始化变量声明、引脚设置、for 循环以及数字口设置高低电平的函数等，因此这里不再赘述。

五、硬件学习

一位八段数码管：数码管是最常用的显示器件之一，其具有使用方法简单、价格低廉、亮度高、寿命长等优点。数码管是一种半导体发光器件，其基本单元是发光二极管。数码管按段数分为七段数码管和八段数码管，八段数码管比七段数码管多一个发光二极管单元（多一个小数点的显示）；按能显示多少个"8"可分为 1 位、2 位、4 位数码管；按发光二极管单元连接方式分为共阳极数码管和共阴极数码管。共阳极数码管是指将所有发光二极管的阳极接到一起形成公共阳极（COM）数码管。共阳极数码管在应用时应将公共极 COM 接到 +5 V，当某一字段发光二极管的阴极为低电平时，相应字段就点亮；当某一字段的阴极为高电平时，相应字段就不亮。本实验用的是共阴极数码管，共阴极数码管在应用时应将公共极 COM 接到 GND，当某一字段发光二极管的阳极为高电平时，相应字段就点亮；当某一字段的阴极为低电平时，相应字段就不亮。图 2-4-2 和图 2-4-3 分别所示为共阴极数码管与共阳极数码管的内部结构。

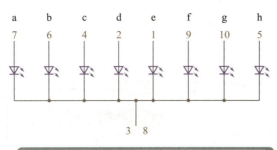

图 2-4-2 共阴极数码管内部结构　　图 2-4-3 共阳极数码管内部结构

一位八段数码管实际上就是 8 颗 LED 灯用 8 字形的透明塑料封装在一起做成的。所以在使用时跟发光二极管一样,也要连接限流电阻,否则电流过大会烧毁发光二极管。在连接时将限流电阻的一端与数字 I/O 口相连,另一端与数码管的字段引脚相连,剩下六个字段和一个小数点依次按照这种方法连接,由于本实验没有用到小数点 h,因此没有连接该引脚。如果公共极 COM 是共阳极的,就接到 +5 V;如果公共极 COM 是共阴极的,就接到 GND。图 2-4-4 所示为本实验用到的共阴极数码管的外部结构。

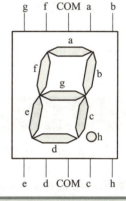

图 2-4-4 共阴极数码管外部结构

学习任务 2.4.2　四位八段数码管的控制编程

学习目标

1. 了解四位八段数码管的管脚含义及工作原理。
2. 掌握硬件电路的接线。
3. 掌握程序的含义。

汽车转速是汽车发动机的参数之一,与汽车的速度是一样的。汽车转速表和汽车速度表是汽车仪表盘中最重要的两个仪表。汽车转速表分为指针式和数字式两种。而本次的主要任务就是利用四位八段数码管编程模拟汽车数字式转速表。但是在这之前,我们先来完成一个简单的任务:让四位八段数码管显示指定的四位数。

一、实验用器件

Arduino UNO 板及配套 USB 数据线:1 套。

四位八段数码管：1个。
220 Ω 的电阻：8 个。
面包板：1 个。
跳线：若干。

效果视频

二、硬件连接

由于硬件接线比较复杂，取出本实验用到的所有元件后，按照如图 2-4-5 所示线路在老师指导下分步连接。完成连接后，给 Arduino 接上 USB 数据线，供电，准备上传程序。

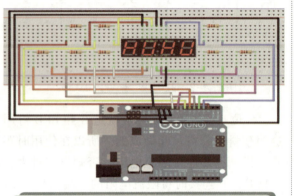

图 2-4-5　硬件连接图

三、输入代码

打开 Arduino IDE，在编辑框中输入下面的样例代码。

```
// 四位八段数码管显示确定的数字 1234
int t=2; // 定义时间 t 为 2
int a=2; // 定义数字接口 2
int b=3; // 定义数字接口 3
int c=4; // 定义数字接口 4
int d=5; // 定义数字接口 5
int e=6; // 定义数字接口 6
int f=7; // 定义数字接口 7
int g=8; // 定义数字接口 8
int dp=9; // 定义数字接口 9
int COM1=10; // 定义数字接口 10
int COM2=11; // 定义数字接口 11
int COM3=12; // 定义数字接口 12
int COM4=13; // 定义数字接口 13
void setup( ) {
    for(int n=2; n<=13; n++)// 依次设置数字 2 口到数字 13 口为输出接口
    {
        pinMode(n, OUTPUT); // 设置数字 n 口为输出接口
    }
}
void loop( ) {
    // 给第一位数码管供电，让第一位数码工作
    digitalWrite(COM1, HIGH);
```

```
digitalWrite(COM2, LOW);
digitalWrite(COM3, LOW);
digitalWrite(COM4, LOW);
// 让第一位数码管显示 1
digitalWrite(a, HIGH);
digitalWrite(b, LOW);
digitalWrite(c, LOW);
digitalWrite(d, HIGH);
digitalWrite(e, HIGH);
digitalWrite(f, HIGH);
digitalWrite(g, HIGH);
digitalWrite(dp, HIGH);
delay(t);
// 给第二位数码管供电，让第二位数码工作
digitalWrite(COM1, LOW);
digitalWrite(COM2, HIGH);
digitalWrite(COM3, LOW);
digitalWrite(COM4, LOW);
// 让第二位数码管显示 2
digitalWrite(a, LOW);
digitalWrite(b, LOW);
digitalWrite(c, HIGH);
digitalWrite(d, LOW);
digitalWrite(e, LOW);
digitalWrite(f, HIGH);
digitalWrite(g, LOW);
digitalWrite(dp, HIGH);
delay(t);
// 给第三位数码管供电，让第三位数码工作
digitalWrite(COM1, LOW);
digitalWrite(COM2, LOW);
digitalWrite(COM3, HIGH);
digitalWrite(COM4, LOW);
// 让第三位数码管显示 3
digitalWrite(a, LOW);
digitalWrite(b, LOW);
digitalWrite(c, LOW);
digitalWrite(d, LOW);
digitalWrite(e, HIGH);
digitalWrite(f, HIGH);
digitalWrite(g, LOW);
```

```
    digitalWrite(dp, HIGH);
    delay(t);
    // 给第四位数码管供电，让第四位数码工作
    digitalWrite(COM1, LOW);
    digitalWrite(COM2, LOW);
    digitalWrite(COM3, LOW);
    digitalWrite(COM4, HIGH);
    // 让第四位数码管显示 4
    digitalWrite(a, HIGH);
    digitalWrite(b, LOW);
    digitalWrite(c, LOW);
    digitalWrite(d, HIGH);
    digitalWrite(e, HIGH);
    digitalWrite(f, LOW);
    digitalWrite(g, LOW);
    digitalWrite(dp, HIGH);
    delay(t);
}
```

输入完毕，单击 IDE 的"校验（Verify）"，查看输入代码是否通过编译。如果显示没有错误，则单击"上传（Upload）"，给 Arduino 上传程序。之后我们就可以看到四位八段数码管同时显示"1234"四位数字。

四、硬件学习

1. 四位八段数码管

在上一个学习任务中，我们学习了一位八段数码管的原理以及结构，而本任务中用到的四位八段数码管与一位八段数码管原理是类似的，下面我们来看看二者差异的部分，首先来看四位八段数码管的内部结构，如图 2-4-6 所示。

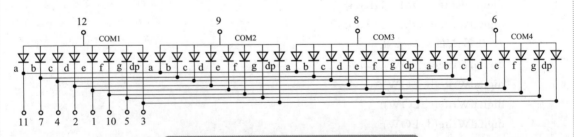

图 2-4-6 四位八段数码管内部结构

从图 2-4-6 我们可以看到，四位八段数码管是将所有数码管的 8 个显示笔画"a、b、c、d、e、f、g、dp"的同名端连在一起，另外又为每一个数码管分别增加了位选通控制引脚，即 COM1、COM2、COM3、COM4。位选通由各自独立的 I/O 线控制，当单片机输出字形码时，所有数码管都接收到相同的字形码，但究竟哪个数码管会显示出字形，取决于单片机对位选通 COM 端电路的控制，所以我们只要将需要显示的数码管的选通控制打开，该位就会显示出字形，没有选通的数码管就不会亮。同时分时轮流地控制各个数码管的 COM 端，就使得各个数码管轮流受控显示。而在轮流显示的过程中，每位数码管设置的点亮时间为 1~2 ms，由于人的视觉暂留现象及发光二极管的余辉效应，尽管实际上各位数码管并非同时点亮，但只要扫描的速度足够快，给人的印象就是一组稳定的显示数据，不会有闪烁感，因此我们可以看到数码管稳定地显示"1234"四位数字。而本实验用到的数码管为共阳极数码管，即当某一字段发光二极管的阴极为低电平时，相应字段就点亮；当某一字段的阴极为高电平时，相应字段就不亮。此控制方式跟上一个实验中的控制方式正好相反。

图 2-4-7 所示为四位八段数码管的外部引脚分布图，每位数码管对应的 LED 控制区域 a~dp 与一位八段数码管的分布是一样的（dp 即为 h），而图 2-4-7 的 1~12 引脚号与图 2-4-6 四位八段数码管的内部原理结构图中的 1~12 引脚号是一一对应的。连接硬件前对照着图 2-4-7 与四位八段数码管的内部原理结构图，将外部引脚号与控制区域一一对应起来再进行硬件连接。

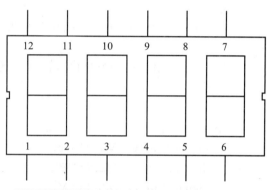

图 2-4-7 四位八段数码管的外部引脚分布图

2. 汽车上的数码管

汽车上的数码管应用包括多个方面，比如电子时钟和仪表盘中的各种记录数据等。相比于传统的机械表，其呈现形式更加明亮、节能。

效果视频　　参考图片

五、拓展实验

在上个样例任务中，我们初步掌握了四位八段数码管的使用方法，能让四位八段数码管简单地显示指定的四位数，但是汽车转速表在显示数字时不是这样简单地显示指定数字，而是显示传感器随机给的数字。下面，我们将继续使用之前项目搭建的电路，但这里需要改变一下代码来制作汽车数字转速表模型。

```
// 汽车数字转速表
int n=4356; // 定义 n 为 4356，更改四位数 n 的值就会在数码管上显示对应的四位数
int t=2; // 定义时间 t 为 2
int a=2; // 定义数字接口 2
int b=3; // 定义数字接口 3
```

```
int c=4; // 定义数字接口 4
int d=5; // 定义数字接口 5
int e=6; // 定义数字接口 6
int f=7; // 定义数字接口 7
int g=8; // 定义数字接口 8
int dp=9; // 定义数字接口 9
int COM1=10; // 定义数字接口 10
int COM2=11; // 定义数字接口 11
int COM3=12; // 定义数字接口 12
int COM4=13; // 定义数字接口 13
void xianshi(int i);
void setup( ) {
    for(int n=2; n<=13; n++)// 依次设置数字 2 口到数字 13 口为输出接口
    {
        pinMode(n, OUTPUT); // 设置数字 n 口为输出接口
    }
}
void loop( ) {
    digitalWrite(COM1, HIGH);
    digitalWrite(COM2, LOW);
    digitalWrite(COM3, LOW);
    digitalWrite(COM4, LOW);
    // 给第一位数码管供电，让第一位数码管工作
    xianshi(n/1000); //n 整除 1 000 得到千位（余数省略），并进入调用函数 xianshi( )，执行调用函数大括号里面的语句
    delay(t); // 延时 t ms

    digitalWrite(COM1, LOW);
    digitalWrite(COM2, HIGH);
    digitalWrite(COM3, LOW);
    digitalWrite(COM4, LOW);
    // 给第二位数码管供电，让第二位数码管工作
    xianshi(n/100%10); //n 整除 100 再取余 10 得到百位（取余只留余数），并进入调用函数 xianshi( )，执行调用函数大括号里面的语句
    delay(t); // 延时 t ms

    digitalWrite(COM1, LOW);
    digitalWrite(COM2, LOW);
    digitalWrite(COM3, HIGH);
    digitalWrite(COM4, LOW);
    // 给第三位数码管供电，让第三位数码管工作
```

xianshi(n/10%10); //n 整除 10 再取余 10 得到十位，并进入调用函数 xianshi( )，执行调用函数大括号里面的语句
  delay(t); // 延时 t ms
  digitalWrite(COM1, LOW);
  digitalWrite(COM2, LOW);
  digitalWrite(COM3, LOW);
  digitalWrite(COM4, HIGH);
  // 给第四位数码管供电，让第四位数码管工作

  xianshi(n%10); //n 取余 10 得到个位，并进入调用函数 xianshi( )，执行调用函数大括号里面的语句
  delay(t); // 延时 t ms
}
void xianshi(int i)// 带参数的调用函数
{
  switch (i)// 切换函数
  {
    case 0:// 情况 0，执行代码块 0
    // 数码管显示 0
    digitalWrite(a, LOW);
    digitalWrite(b, LOW);
    digitalWrite(c, LOW);
    digitalWrite(d, LOW);
    digitalWrite(e, LOW);
    digitalWrite(f, LOW);
    digitalWrite(g, HIGH);
    digitalWrite(h, HIGH);
    break; // 跳出 switch 切换函数

    case 1:// 情况 1，执行代码块 1
    // 数码管显示 1
    digitalWrite(a, HIGH);
    digitalWrite(b, LOW);
    digitalWrite(c, LOW);
    digitalWrite(d, HIGH);
    digitalWrite(e, HIGH);
    digitalWrite(f, HIGH);
    digitalWrite(g, HIGH);
    digitalWrite(h, HIGH);
    break; // 跳出 switch 切换函数

```
case 2://情况2,执行代码块2
//数码管显示2
digitalWrite(a, LOW);
digitalWrite(b, LOW);
digitalWrite(c, HIGH);
digitalWrite(d, LOW);
digitalWrite(e, LOW);
digitalWrite(f, HIGH);
digitalWrite(g, LOW);
digitalWrite(h, HIGH);
break; // 跳出 switch 切换函数

case 3://情况3,执行代码块3
//数码管显示3
digitalWrite(a, LOW);
digitalWrite(b, LOW);
digitalWrite(c, LOW);
digitalWrite(d, LOW);
digitalWrite(e, HIGH);
digitalWrite(f, HIGH);
digitalWrite(g, LOW);
digitalWrite(h, HIGH);
break; // 跳出 switch 切换函数

case 4://情况4,执行代码块4
//数码管显示4
digitalWrite(a, HIGH);
digitalWrite(b, LOW);
digitalWrite(c, LOW);
digitalWrite(d, HIGH);
digitalWrite(e, HIGH);
digitalWrite(f, LOW);
digitalWrite(g, LOW);
digitalWrite(h, HIGH);
break; // 跳出 switch 切换函数

case 5://情况5,执行代码块5
//数码管显示5
digitalWrite(a, LOW);
digitalWrite(b, HIGH);
digitalWrite(c, LOW);
```

```
            digitalWrite(d, LOW);
            digitalWrite(e, HIGH);
            digitalWrite(f, LOW);
            digitalWrite(g, LOW);
            digitalWrite(h, HIGH);
            break; // 跳出 switch 切换函数

        case 6:// 情况 6，执行代码块 6
            // 数码管显示 6
            digitalWrite(a, LOW);
            digitalWrite(b, HIGH);
            digitalWrite(c, LOW);
            digitalWrite(d, LOW);
            digitalWrite(e, LOW);
            digitalWrite(f, LOW);
            digitalWrite(g, LOW);
            digitalWrite(h, HIGH);
            break; // 跳出 switch 切换函数

        case 7:// 情况 7，执行代码块 7
            // 数码管显示 7
            digitalWrite(a, LOW);
            digitalWrite(b, LOW);
            digitalWrite(c, LOW);
            digitalWrite(d, HIGH);
            digitalWrite(e, HIGH);
            digitalWrite(f, HIGH);
            digitalWrite(g, HIGH);
            digitalWrite(h, HIGH);
            break; // 跳出 switch 切换函数

        case 8:// 情况 8，执行代码块 8
            // 数码管显示 8
            digitalWrite(a, LOW);
            digitalWrite(b, LOW);
            digitalWrite(c, LOW);
            digitalWrite(d, LOW);
            digitalWrite(e, LOW);
            digitalWrite(f, LOW);
            digitalWrite(g, LOW);
            digitalWrite(h, HIGH);
```

```
            break; // 跳出 switch 切换函数

            case 9:// 情况 9，执行代码块 9
            // 数码管显示 9
            digitalWrite(a, LOW);
            digitalWrite(b, LOW);
            digitalWrite(c, LOW);
            digitalWrite(d, LOW);
            digitalWrite(e, HIGH);
            digitalWrite(f, LOW);
            digitalWrite(g, LOW);
            digitalWrite(h, HIGH);
            break; // 跳出 switch 切换函数
        }
    }
```

输入完毕，单击 IDE 的"校验（Verify）"，查看输入代码是否通过编译。如果显示没有错误，则单击"上传（Upload）"，给 Arduino 上传程序，之后我们就可以看到四位八段数码管显示"4356"四位数字。当传感器采集不同的数值时，n 的值随之变化，四位数码管的值也会随之变化。

六、代码回顾

程序代码中的 xianshi(int i) 函数是一个调用函数，该函数单独写在了 loop( ) 函数之外。在需要使用该函数时，只需要直接写出函数名就可以实现调用。该函数是 void 型，所以是无返回值、无传递参数的函数。当函数被调用时，程序会自动跳到该函数中运行。运行完之后，再跳回主函数。需要特别注意：函数调用时，函数名后面的括号不能省略，要和所写的函数保持一致。

在调用函数 xianshi(int i) 中，还涉及一个新的函数，即 switch 函数，其一般表达式如下：

```
switch ( 表达式 ){
    case 值 1: 语句 1
    break;
    case 值 2: 语句 2
    break;
    ...
    default: 语句 n
    break;
}
```

如果该函数表达式的值等于某个 case 语句后的值，那么从该 case 语句开始执行，直到遇到一个 break，switch 语句才会结束，程序将跳出 switch 语句，执行 switch 大括号之后的第一个语句，并忽略其他 case。假如任何一个 case 语句的值都不等于表达式的值，则运行 default 之下的语句。假如表达式的值和任何一个 case 标签都不匹配，同时没有发现一个 default 标签（default 可以省略），程序将跳过整个 switch 语句，执行 switch 大括号之后的第一个语句。在 switch 语句中，每个 case 语句的结尾不要忘记添加 break 语句，否则将导致多个分支重叠。当然，除非有意使多个分支重叠，这样可以免去 break 语句。相对于 if 语句而言，switch 语句可以更方便地应用于多个分支的控制流程。但是 switch 语句只能测试是否相等，因此，case 语句后面只能是整型或字符型的常量或常量表达式；而在 if 语句中还能够测试关系与逻辑表达式。

课题 2.5 汽车典型传感器的控制编程

学习任务 2.5.1 振动传感器的控制编程

学习目标

1. 了解振动传感器的工作原理及接线方法。
2. 掌握硬件电路的接线方法。
3. 掌握程序的含义。

汽车上的传感器作为汽车电子控制系统的信息源，是汽车电子控制系统的关键部件，也是汽车电子技术领域研究的核心内容之一。汽车传感器根据作用，可以分为温度、压力、流量、位置、气体浓度、速度、光亮度、干湿度、距离、振动等功能的传感器，它们各司其职，对温度、压力、位置、转速、加速度和振动等各种信息进行实时、准确的测量和控制，一旦某个传感器失灵，对应的装置就会工作不正常甚至不工作。因此，传感器在汽车上的作用是很重要的。

振动传感器是汽车重要的传感器之一，它能对车辆的特殊频段的振动进行监测，在车辆受到撞击或者破坏的时候，振动传感器就会向控制器发送信号，随后控制器会发出报警的声音。本节实验就是利用振动传感器来模拟汽车防盗报警系统。我们先不加灯光报警和声音报警，首先读取振动开关的串口通信值。

一、实验用器件

效果视频

Arduino UNO 板及配套 USB 数据线：1 套。
振动开关：1 个。
1 kΩ 的电阻：1 个。
面包板：1 个。
跳线：若干。

二、硬件连接

取出本实验用到的所有元件后，按照如图 2-5-1 所示线路进行连接。完成连接后，给 Arduino 接上 USB 数据线，供电，准备上传程序。

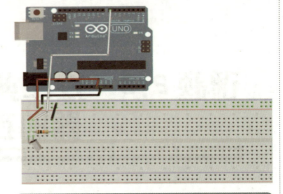

图 2-5-1　硬件连接图

三、输入代码

打开 Arduino IDE，在编辑框中输入下面的样例代码。

```
// 读取振动开关的串口通信值
int TiltSwitch=7; // 定义数字接口 7
void setup( ){
    pinMode(TiltSwitch, INPUT); // 设置数字 7 口为输入接口
    Serial.begin(9600); // 设置串口通信的波特率为 9 600 b/s
}
void loop( ){
    int Value=digitalRead(TiltSwitch); // 定义 Value 为数字接口 7 读取的值
    Serial.print("Value ="); // 串口显示 Value=
    Serial.println(Value); // 串口显示 Value 的值
    delay(50); // 延时 50 ms
}
```

输入完毕，单击 IDE 的"校验（Verify）"，查看输入代码是否通过编译。如果显示没有错误，则单击"上传（Upload）"，给 Arduino 上传程序。之后打开 Arduino IDE 中的串口监视器，就可以直接从串口中读取振动开关的状态值，并尝试晃动振动开关，此时在串口中可以直观

地看到振动开关的状态值发生变化。

四、代码学习

程序代码中的 Serial.begin(9600) 函数用于初始化串口波特率，也就是数据传输的速率，是使用串口必不可少的函数。直接输入相应设定的数值就可以使用，如果不是一些特定的无线模块对波特率有特殊要求的话，波特率设置和串口监视器保持一致即可。这里就只是用于串口监视器。

当串口收到数据后，如何在串口监视器上进行显示，就需要用到这两个语句：Serial.print("Value=") 和 Serial.println(Value)。print( ) 的解释是，以我们可读的 ASCII 形式从串口输出。println( ) 与 print( ) 的区别就是，println( ) 比 print( ) 多了回车换行，其他完全相同。而 print( ) 的括号里面写的是 "Value="，此时要注意一点，如果括号里写的是 ""，那么会显示 "" 里面的内容，即 "" 里面写什么就会原样显示，在该程序中 Serial.print("Value=") 函数显示的是 Value=。但是如果不加 ""，Serial.println(Value) 就会显示 Value 的值，并且换行。因此，我们会看到如图 2-5-2 所示的界面。

图 2-5-2　串口实时数据显示

五、硬件学习

1. 振动开关

本节实验所使用的振动开关是内部带有一个金属滚珠的滚珠振动开关，如图 2-5-3 所示。振动开关也叫倾斜开关、滚珠开关，它内部有两个珠子，通过珠子滚动接触导针的原理来控制电路的接通或者断开。需要注意的一点是，由于滚珠开关的内部构造，滚珠开关只有一头是导通的，另一端是不导通的。这也就是往一端倾斜会导通，而偏向另外一端倾斜时不会导通的原因。而对于连接硬件，由于需要监测其状态，振动开关的硬件连接跟按钮的连接方式类似，这里不再赘述。

图 2-5-3　振动开关实物

2. 汽车上的爆燃、碰撞传感器的应用

1）爆燃传感器

汽油发动机是利用火花塞产生的电火花将混合气点燃，使火焰在混合气中不断扩展传播燃

烧的，在火焰的传播过程中，如果压力和温度异常升高，某些部位的混合气在火焰传到之前，就自行着火燃烧，在整个燃烧室内造成瞬间爆发燃烧，产生高温和强大的压力波，这种现象称为爆燃。发动机工作时，如果持续产生爆燃，不但会引起气缸体、气缸盖和进气歧管等薄壁构件的高频振动，以及因运动机构的冲击载荷而产生很大的躁动，最终导致机件损坏，而且火花塞电极或活塞很可能产生过热、熔损等现象，造成发动机的严重故障，因此必须防止爆燃的产生。

爆燃传感器一般安装在发动机气缸体、火花塞或进气歧管上，它能够感应发动机各种不同频率的振动，并将振动转化成不同的电压信号。当发动机发生爆燃时，爆燃传感器感应到此变化并产生较大的振幅电压信号，如图 2-5-4 所示。

将来自爆燃传感器的含有各种频率的电压信号输入 ECU 中的爆燃信号判别电路。首先需要经过滤波电路，将爆燃信号与其他振动信号分离，只允许特定范围频率的爆燃信号通过，然后将此信号的最大值与爆燃强度基准值进行比较，如果大于基准值，则将爆燃信号电压输入 ECU，表示发生了爆燃，由 ECU 进行处理，如图 2-5-5 所示。

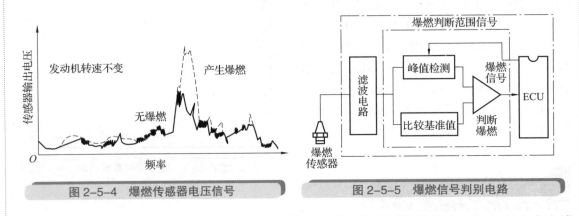

图 2-5-4　爆燃传感器电压信号　　　　图 2-5-5　爆燃信号判别电路

由于发动机的振动频繁而剧烈，因此为了使传感器只检测到爆燃信号，防止 ECU 发生错误爆燃判别，判别爆燃信号并非任何时刻都进行，而是有一个判别范围，如图 2-5-6 所示。因为在点火后的一段曲轴转角范围内可能发生爆燃，因此只有在该范围内，爆燃传感器的信号才能输入比较电路。

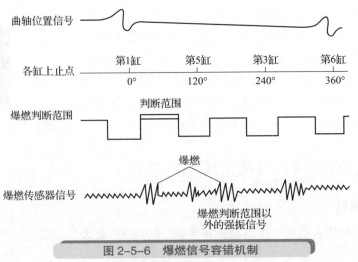

图 2-5-6　爆燃信号容错机制

爆燃的强度则以超过基准值的次数计量，次数越多，爆燃强度越大；次数越小，爆燃强度越小，如图 2-5-7 所示。

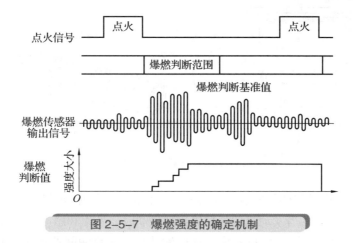

图 2-5-7　爆燃强度的确定机制

这里有两种情况，一种情况是当发动机的负荷低于一定值时，一般不会发生爆燃，这时不宜采用控制爆燃的方式来调整点火提前角，可采用开环控制的方式控制点火提前角，即此时 ECU 不再检测和分析爆燃传感器输入的信号，只根据有关传感器和既有的数据来控制点火提前角；另一种情况是 ECU 进行闭环控制。实际点火提前角的控制如图 2-5-8 所示。

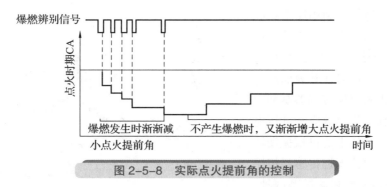

图 2-5-8　实际点火提前角的控制

当任何一缸发生爆燃时，ECU 立即以某一固定值（1.5°~2°曲轴转角）逐渐减少点火提前角，直至发动机不产生爆燃为止，然后，在一定时间内，先维持调整过的点火提前角不变。在此期间如果再次发生爆燃，则继续以固定的值减少点火提前角，若无爆燃发生，则此段缓冲时间过后，又开始逐渐以同样的固定值增大点火提前角，直至爆燃重新发生，又开始进行上述的反馈控制过程。当然 ECU 是开环控制还是闭环控制，是由 ECU 对负荷传感器送来的信号进行分析和判断的。

汽车中的爆燃传感器主要有共振磁致伸缩式爆燃传感器和压电式爆燃传感器两种。

共振磁致伸缩式爆燃传感器应用较早，是一种磁电感应式传感器，属于共振型爆燃传感器，其结构如图 2-5-9 所示，由永久磁铁、靠永久磁铁励磁的强磁性铁芯以及铁芯周围缠绕的感应线圈和壳体等组成。

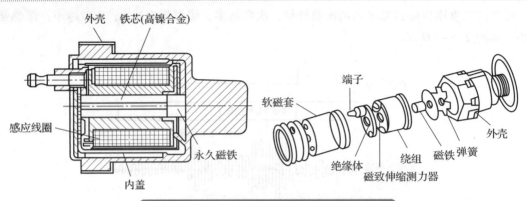

图 2-5-9　共振磁致伸缩式爆燃传感器的结构

共振磁致伸缩式爆燃传感器安装在发动机上，它将发动机振动的频率转换成电压信号来检测爆燃强度。其工作原理：当发动机的气缸体出现振动时，外壳和感应线圈绕组随发动机振动，磁铁因弹簧的存在由于惯性而保持不变，这样磁铁和感应线圈间便存在相对运动。根据电磁感应原理，绕组中就会有感应电动势产生，当频率在 6~9 kHz 时，传感器将产生共振，使传感器感应线圈的感应电压显著增大。图 2-5-10 所示为共振磁致伸缩式爆燃传感器的输出特性曲线。

压电式爆燃传感器是利用压电效应原理制作的。压电效应是指当沿着一定方向向某些电介质施力而使其变形时，其内部会发生极化，同时在其表面产生电荷的现象。压电式爆燃传感器是利用结晶或陶瓷多晶体的压电效应和硅压电效应，把爆燃传到缸体上的机械振动转变成电压信号。压电式爆燃传感器按振动方式可分为非共振型和共振型两种。

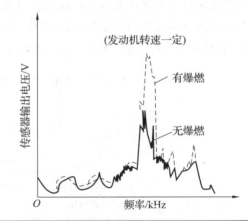

图 2-5-10　共振磁致伸缩式爆燃传感器的输出特性曲线

共振型爆燃传感器由与爆燃几乎具有相同共振频率的振子和能够检测振动压力并将其转换成电压信号的压电元件构成，非共振型爆燃传感器用压电元件直接检测爆燃信息。

2）压电式爆燃传感器的分类

（1）共振型压电式爆燃传感器。

共振型压电式爆燃传感器如图 2-5-11 所示，主要由压电元件、振荡片、基座等组成。压电元件紧密地贴合在振荡片上，振荡片则固定在传感器的基座上。振荡片随着发动机的振动而振荡，波及压电元件，使其变形而产生电压信号。当发动机爆燃时的振动频率与振荡片的固有频率相同时，振荡片产生共振，此时压电元件将产生最大的电压信号。共振型压电式爆燃传感器的输出特性如图 2-5-12 所示，根据此特性曲线可知该爆燃传感器在发动机爆燃时输出的电压比较高，因此可判别发动机有无爆燃发生。

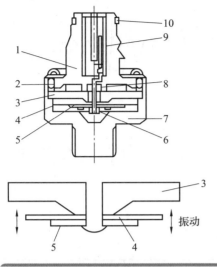
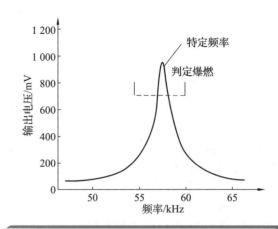

图 2-5-11 共振型压电式爆燃传感器　　图 2-5-12 共振型压电式爆燃传感器的输出特性

1—插接器；2, 10—O 形圈；3—基座；4—振荡片；
5—压电元件；6—引线端头；7—外壳；8—密封剂；
9—接线端子

（2）非共振型压电式爆燃传感器。

非共振型压电式爆燃传感器由平衡块、压电元件、壳体、电气连接装置等组成。平衡块由螺钉固定在壳体上，两个压电元件同极性相向对接，输出电压由两个压电元件的中央输出。这种传感器与共振型传感器的结构的不同之处在于其内部没有振荡片，而是设置了一个平衡块，平衡块以一定的预紧力压紧在压电片上。当发动机发生爆燃时，发动机缸体的振动传到爆燃传感器壳体上，平衡块就产生了一个正比于加速度的交变力，壳体与平衡块之间就产生相对运动，使夹在中间的压电元件所承受的压紧力发生变化，压电元件承受推压作用力产生电压，并作为电信号输出。非共振型压电式爆燃传感器结构简单，制造时不需要调整。

非共振型压电式爆燃传感器的结构如图 2-5-13 所示。非共振型爆燃传感器在爆燃时的输出电压较未爆燃时无明显增加，具有平缓的输出特性，不像共振型爆燃传感器在爆燃时会输出较高的电压。爆燃是否发生是靠滤波器检出传感器输出信号中有无爆燃频率来判别的。因此，必须将反映发动机振动频率的输出电压信号输送到识别爆燃的滤波器中，判别发动机是否有爆燃产生。

3）共振型压电式爆燃传感器与非共振型压电式爆燃传感器的比较

（1）电压：共振型在爆燃时输出电压明显增大，非共振型输出电压增大不明显。

（2）测量：共振型电压易于测量，但传感器必须与发动机配套使用；非共振型用于不同发动机时，只需调整滤波器的频率范围就可以工作，不需要更换传感器，通用性比较强，但爆燃信号的检测要复杂一些。

（3）共振型爆燃传感器的输出波形可以直接观察出爆燃的波形，即爆燃点，而非共振型的爆燃传感器需经滤波器检出爆燃的信号。共振型和非共振型爆燃传感器输出波形的比较如图 2-5-14 所示。

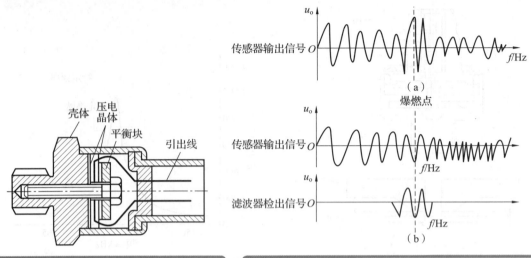

图2-5-13 非共振型压电式爆燃传感器的结构

图2-5-14 共振型和非共振型爆燃传感器输出波形的比较
（a）共振型；（b）非共振型

4）碰撞传感器

碰撞传感器一般用在安全气囊系统中，是主要的信号输入装置，其作用是在汽车发生碰撞时，检测汽车碰撞强度，并将信号输入安全气囊 ECU，安全气囊 ECU 根据碰撞传感器传送的信号来决定是否引爆气体发生器使气囊充气，提高乘员的乘坐安全性。

碰撞传感器按其功用的不同可分为碰撞信号传感器和安全传感器。平时所讲的碰撞传感器其实是指碰撞信号传感器，也称碰撞强度传感器、触发碰撞传感器，其作用是将汽车碰撞时的强度信号输入 SRS ECU，用于判断是否需要引爆气囊，一般采用机电结合式结构或机械式结构。正面的碰撞传感器常安装在散热器支架内，侧面的碰撞传感器安装在 B 柱内。安全传感器又称碰撞防护传感器、防护传感器或保险传感器，一般安装在 SRS ECU 内部，其功用是防止气囊在非碰撞情况下发生错误引爆。安全传感器与触发碰撞传感器串联，且一般采用电子式结构。典型车辆碰撞传感器安装位置及连接关系如图 2-5-15 所示。

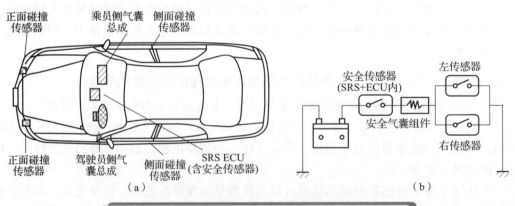

图 2-5-15 典型车辆碰撞传感器安装位置及连接关系
（a）安装位置；（b）连接关系

按照结构的不同分类，碰撞传感器可分为机械式碰撞传感器、机电式碰撞传感器、电子式碰撞传感器。常见的机械式碰撞传感器有阻尼弹簧式碰撞传感器，没有电子设备，只靠机械力控制气囊电路的接通和切断。电子式碰撞传感器没有电气触点，目前常用的有电阻应变式碰撞传感器和压电效应式碰撞传感器两种。电阻应变式碰撞传感器在发生碰撞时其应变电阻发生变形，使电阻值发生变化，传感器输出电压信号发生变化，当电压值超过预定值时，气囊被触发；压电效应式碰撞传感器在碰撞时其压电晶片输出电压发生变化，当变化的电压达到预定值时，气囊被触发。机电式碰撞传感器利用机械的运动（滚动或转动）来控制电气触点动作，再由触点断开和接合来控制气囊电路的接通和切断，常见的有滚珠式碰撞传感器、滚轴式碰撞传感器和偏心锤式碰撞传感器。

5）碰撞传感器的主要类型

（1）滚轴式碰撞传感器。

滚轴式碰撞传感器由止动销、滚轴、滚动触点、固定触点、底座和片状弹簧等零件构成，其工作原理如图2-5-16所示。片状弹簧5的一端固定在底座6上，另一端略微弹起。滚轴2可沿片状弹簧5滚动，滚动触点3固定在滚轴2上，可随滚轴一起滚动并引出传感器的一个电极。固定在片状弹簧5上并与之绝缘的固定触点4接传感器的另一个电极。

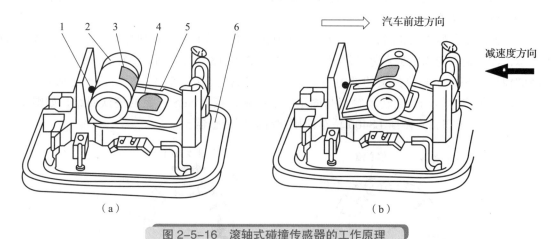

图2-5-16 滚轴式碰撞传感器的工作原理
（a）不碰撞静止状态；（b）碰撞状态
1—止动销；2—滚轴；3—滚动触点；4—固定触点；5—片状弹簧；6—底座

汽车未碰撞时，传感器处于静止状态，此时滚轴在弹起的片状弹簧作用下，靠向止动销一侧，滚动触点与固定触点形成的开关处于断开状态，传感器电路不接通，无碰撞信号输入。当汽车碰撞且减速度达到碰撞强度设定值时，由于惯性产生的惯性力大于片状弹簧的弹力，滚轴就会克服片状弹簧的弹力压下片状弹簧向右滚动，使滚轴上的滚动触点与片状弹簧上的固定触点接触，将传感器电路接通，如图2-5-16所示。丰田、本田和三菱汽车安全气囊系统就采用了滚轴式碰撞传感器。

（2）偏心锤式碰撞传感器。

偏心锤式碰撞传感器又称偏心转子式碰撞传感器，其结构如图2-5-17所示，主要由偏心锤1、偏心锤臂2、转动触点臂3、转动触点6与13、固定触点10与16、回位弹簧19、挡块9和壳体4与12等组成。

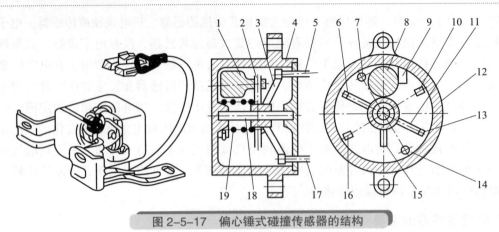

图 2-5-17 偏心锤式碰撞传感器的结构

1，8—偏心锤；2，15—偏心锤臂；3，11—转动触点臂；4，12—壳体；5，7，14，17—固定触点引线端子；6，13—转动触点；9—挡块；10，16—固定触点；18—传感器轴；19—回位弹簧

转子总成由偏心锤1、转动触点臂3及转动触点6、13组成，安装在传感器轴上。偏心锤1偏置安装在偏心锤臂2与15上；转动触点臂3、11两端固定有转动触点6、13，触点随触点臂一起转动。两个固定触点10、16绝缘固定在传感器壳体上，并用导线分别将传感器接线端子7、14与5、17连接。

当传感器处在静止状态时，在复位弹簧弹力作用下，偏心锤与挡块保持接触，转子处于静止状态，转动触点与固定触点处于断开状态，如图2-5-18（a）所示。当汽车遭受碰撞时，偏心锤的惯性力矩大于复位弹簧的弹力力矩，惯性力矩就会克服弹簧力矩使转子总成转动，从而带动转动触点臂转动，使转动触点与固定触点接触，接通SRS气囊的搭铁回路，如图2-5-18（b）所示。丰田雷克萨斯LS400轿车使用此种碰撞传感器。

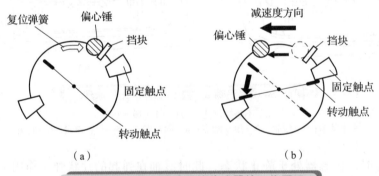

图 2-5-18 偏心锤式碰撞传感器的工作原理
（a）静止状态；（b）碰撞状态

（3）滚珠式碰撞传感器。

滚珠式碰撞传感器亦称偏压磁铁式碰撞传感器，其工作原理如图2-5-19所示，该传感器主要由固定触点1、滚珠2、永久磁铁3和壳体等构成。滚珠用铁材料制成，能在柱状滚道内滚动；略带弹性的两个固定触点绝缘固定在壳体上，并分别引出两个传感器引线端子。日本尼桑和马自达汽车公司采用这种滚珠式碰撞传感器，用于SRS安全气囊系统。该碰撞传感器由德国博世公司生产。

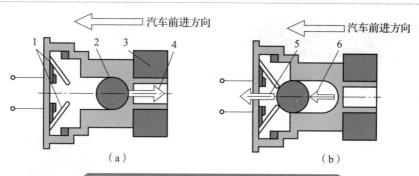

图 2-5-19 滚珠式碰撞传感器的工作原理

（a）不发生碰撞，电极断开；（b）发生碰撞，电极接通

1—固定触点；2—滚珠；3—永久磁铁；4—磁力；5—碰撞时的惯性力；6—惯性力与磁力的合力

如图 2-5-19（a）所示，汽车未碰撞时传感器处于静止状态，滚珠在永久磁铁的磁力作用下，被吸向磁铁，静止于磁铁侧，两个触点未被连通，无碰撞信号输入。如图 2-5-19（b）所示，当汽车受碰撞且减速度达到碰撞强度设定值时，滚珠由于惯性产生的惯性力大于永久磁铁的磁力，滚珠克服磁力在柱状滚道内滚动到两个固定触点侧，将两个固定触点搭接使传感器电路接通，碰撞强度信号即输入。

（4）汞开关式碰撞传感器。

汞开关式碰撞传感器利用汞导电良好的特性制成，一般用作防护传感器（安全传感器）。汞开关式碰撞传感器的工作原理如图 2-5-20 所示，由电极 1 和 5、密封圈 2、汞珠 4、螺塞 6 和壳体 3 等构成。能够在管状壳体内移动的汞珠是一个良导电体；安装在螺塞上的两个电极互相绝缘，并各引出一个传感器电极；螺塞和壳体也是绝缘的。

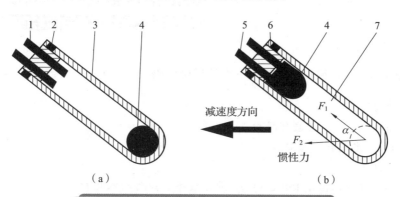

图 2-5-20 汞开关式碰撞传感器的工作原理

（a）未碰撞；（b）碰撞时

1—接引爆管的电极；2—密封圈；3—壳体；4—汞珠；5—接电源电极；6—螺塞；7—汞珠运动方向

汽车未碰撞时，传感器处于静止状态，如图 2-5-20（a）所示，汞珠在重力作用下处于壳体下端，传感器的两电极断开，传感器电路未接通，无碰撞信号产生。当汽车碰撞且减速的加速度达到碰撞强度设定值时，汞珠由于碰撞产生的惯性力在壳体轴线方向的分力，克服了汞珠重力在壳体轴线方向的分力，将汞珠抛向传感器电极一端并将两电极接通，产生碰撞强度信号，如图 2-5-20（b）所示。

六、进阶实验一

上个实验中,我们学会了如何监测振动开关的状态,但是离汽车报警模型还差很远,下面我们就在上面实验的基础上,加上灯光报警。

1. 实验用器件

Arduino UNO 板及配套 USB 数据线:1 套。
振动开关:1 个。
LED 灯:1 颗。
220 Ω 的电阻:1 个。
1 kΩ 的电阻:1 个。
面包板:1 个。
跳线:若干。

效果视频

2. 硬件连接

取出本实验用到的所有元件,按照如图 2-5-21 所示线路进行连接。完成连接后,给 Arduino 接上 USB 数据线,供电,准备上传程序。

图 2-5-21 硬件连接图

3. 输入代码

打开 Arduino IDE,在编辑框中输入下面的样例代码。

```
// 加入灯光报警
int TiltSwitch=7; // 定义数字接口 7
int LED=8; // 定义数字接口 8
void setup(){
    pinMode(TiltSwitch, INPUT); // 设置数字 7 口为输入接口
    pinMode(LED, OUTPUT); // 设置数字 8 口为输出接口
    Serial.begin(9600); // 设置串口通信的波特率为 9 600 b/s
}
void loop(){
    int Value= digitalRead(TiltSwitch); // 定义 Value 为数字接口 7 读取的值
    Serial.print("Value="); // 串口显示 Value=
    Serial.println(Value); // 串口显示 Value 的值
    if(Value == 0)// 如果 Value 的值等于 0(即此时振动开关振动),则执行 if 后大括号里的语句
```

```
        {
            digitalWrite(LED, HIGH); //I/O 口 8 设置为高电平，点亮数字 8 口的 LED
            delay(500); // 延时 500 ms
        }
        else// 否则如果 Value 的值等于 1（即此时振动开关无振动），则执行 else 后大括号
里的语句
        {
            digitalWrite(LED, LOW); //I/O 口 8 设置为低电平，熄灭数字 8 口的 LED
        }
    }
```

输入完毕，单击 IDE 的"校验（Verify）"，查看输入代码是否通过编译。如果显示没有错误，则单击"上传（Upload）"，给 Arduino 上传程序。之后我们就可以观察到，一旦振动开关晃动或者振动，LED 灯就会点亮报警。

4. 代码及硬件学习

上面程序用到了我们之前学过的很多函数，比如初始化变量声明、引脚设置、if/else 语句以及数字口设置高低电平的函数等。而硬件连接上除了振动开关的硬件连接是新学的之外，LED 灯的硬件连接在之前的实验中也练习过很多次，因此这里不再赘述。

七、进阶实验二

汽车报警模型除了灯光报警之外还有声音报警，下面我们就在上一个实验的基础上，加上声音报警。

1. 实验用器件

Arduino UNO 板及配套 USB 数据线：1 套。

振动开关：1 个。

LED 灯：1 颗。

蜂鸣器：1 个。

220 Ω 的电阻：1 个。

1 kΩ 的电阻：1 个。

面包板：1 个。

跳线：若干。

杜邦线：2 根。

效果视频

2. 硬件连接

取出本实验用到的所有元件,按照如图 2-5-22 所示进行连接。完成连接后,给 Arduino 接上 USB 数据线,供电,准备上传程序。

3. 输入代码

打开 Arduino IDE,在编辑框中输入下面的样例代码。

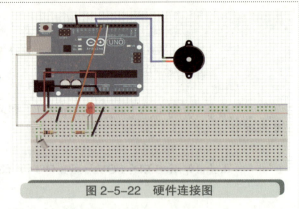

图 2-5-22　硬件连接图

```
// 简易汽车报警模型
int TiltSwitch=7; // 定义数字接口 7
int LED=8; // 定义数字接口 8
int buzzer=9; // 定义数字接口 9
void setup( ){
    pinMode(TiltSwitch, INPUT); // 设置数字 7 口为输入接口
    pinMode(LED, OUTPUT); // 设置数字 8 口为输出接口
    pinMode(buzzer, OUTPUT); // 设置数字 9 口为输出接口
    Serial.begin(9600); // 设置串口通信的波特率为 9 600 b/s
}
void loop( ){
    int Value=digitalRead(TiltSwitch); // 定义 Value 为数字接口 7 读取的值
    Serial.print("Value="); // 串口显示 Value=
    Serial.println(Value); // 串口显示 Value 的值
    if(Value == 0)// 如果 Value 的值等于 0(即此时振动开关振动),则执行 if 后大括号里的语句
    {
        digitalWrite(LED, HIGH); //I/O 口 8 设置为高电平,点亮数字 8 口的 LED
        for(int i=500;i <= 700; i++)// 9 脚相连的蜂鸣器实现声音的频率从 500~700 Hz 逐渐变大
        {
            tone(buzzer, i); // 数字 9 口以 i Hz 的频率发出声音
            delay(3); // 延时 3 ms
        }
        for(int i=700;i >= 500; i--)// 9 脚相连的蜂鸣器实现声音的频率从 700~500 Hz 逐渐变小
        {
            tone(buzzer, i); // 数字 9 口以 i Hz 的频率发出声音
            delay(3); // 延时 3 ms
```

```
        }
      }
      else// 否则如果 Value 的值等于 1（即此时振动开关不发生振动），则执行 else 后大
括号里的语句
      {
        noTone(buzzer); // 数字 9 口停止发出声音
        digitalWrite(LED, LOW); // 熄灭 8 引脚相连的 LED 灯
      }
    }
```

输入完毕，单击 IDE 的"校验（Verify）"，查看输入代码是否通过编译。如果显示没有错误，则单击"上传（Upload）"，给 Arduino 上传程序。之后我们就可以观察到，一旦振动开关晃动或者振动，LED 灯就会点亮报警，并且蜂鸣器发出报警声音。此时简易的车辆报警模型就基本上完成了，该实验是一个综合实验，需要用到我们之前项目中学过的多个知识点，因此对前面的知识点的掌握程度要足够熟练。

学习任务 2.5.2 光照传感器的控制编程

学习目标

1. 了解光照传感器的参数及工作原理。
2. 掌握硬件电路的接线。
3. 掌握程序的含义。

光照传感器作为汽车重要的传感器之一，它可以对外界环境光的强度进行监测，从而控制车内一些部件进行相应反应，加强乘车体验。本节实验就是利用光敏电阻以及 LED 灯来模拟实现汽车远、近光灯的自动切换。首先我们做一个相对简单的任务，即利用以下实验器材来编程模拟光控小台灯。

一、实验用器件

Arduino UNO 板及配套 USB 数据线：1 套。
光敏电阻：1 个。
LED 灯：1 颗。

10 kΩ 的电阻：1 个。
220 Ω 的电阻：1 个。
面包板：1 个。
跳线：若干。

效果视频

二、硬件连接

取出本实验用到的所有元件，按照如图 2-5-23 所示线路进行连接。完成连接后，给 Arduino 接上 USB 数据线，供电，准备上传程序。

三、输入代码

打开 Arduino IDE，在编辑框中输入下面的样例代码。

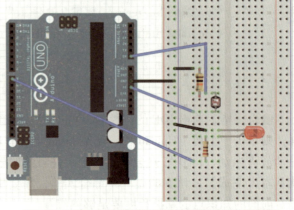

图 2-5-23　硬件连接图

```
// 光控小台灯
int LED=8; // 定义数字接口 8
void setup( ){
    pinMode(LED, OUTPUT); // 设置数字 7 口为输出接口
    Serial.begin(9600); // 设置串口通信的波特率为 9 600 b/s
}
void loop( ){
    int value=analogRead(0); // 定义 value 为模拟接口 A0 读取的值
    Serial.print("value="); // 串口显示 value=
    Serial.println(value); // 串口显示 value 的值后并回车
    delay(100); // 延时 100 ms
    if(value <150)// 如果 value 的值小于 150，则执行 if 后大括号里的语句
    {
        digitalWrite(LED, HIGH); //I/O 口 8 设置为高电平，点亮数字 8 口的 LED
    }
    else if(value >= 150)// 否则如果 value 的值大于等于 150，则执行 else if 后大括号里的语句
    {
        digitalWrite(LED, LOW); // 熄灭 8 引脚相连的 LED 灯
    }
}
```

输入完毕，单击 IDE 的"校验（Verify）"，查看输入代码是否通过编译。如果显示没有错误，则单击"上传（Upload）"，给 Arduino 上传程序。由于这个实验是在白天进行，因此我们运用手机光来模拟太阳光，也就是有手机光照的时候认为是白天，LED 灯不会亮；没有手机光照的时候认为是黑夜，LED 灯亮。

四、代码回顾

本程序代码涉及一个新的函数：analogRead(pin)，这个函数用于从模拟引脚读值，pin 是指连接的模拟引脚。Arduino 的模拟引脚，输入 0~5 V 的电压对应读到 0~1 023 的数值，每个读到的数值都是光照的电压值，以 0~1 023 的方式输出。在无手机光照和有手机光照两种情况下，串口会分别读出两个数值，在两个数值中我们取了一个中间值 150，作为黑夜状态的光照强度数值，一旦低于这个数值，小台灯就会自动亮起来。

五、硬件回顾

1. 光敏电阻

本节实验所使用的光敏电阻又称光导管，常用的制作材料为硫化镉，另外还有硒、硫化铝和硫化铋等材料。这些制作材料具有在特定波长的光照射下，其阻值迅速减小的特性。这是由于光照产生的载流子都参与导电，在外加电场的作用下做漂移运动，电子奔向电源的正极，空穴奔向电源的负极，从而使光敏电阻器的阻值迅速下降。其实物如图 2-5-24 所示。

光敏电阻的工作原理就是基于光电效应，即在有光照射时入射光强，电阻减小；无光照射时入射光弱，电阻增大。其硬件连接方式跟前面学习的振动开关的连接方式类似，唯一的区别就是将数字口换成了模拟口。

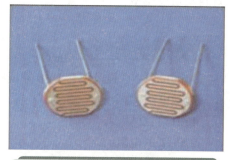

图 2-5-24　光敏电阻实物

2. 汽车上的光照度传感器

光照度传感器在日光或灯光的照射下产生电信号，用于空调系统的自动控制或前照灯的自动控制。用于检测日光照度的传感器也称为日光传感器或阳光传感器。光照度传感器有光电池式和光敏电阻式两种类型，汽车上常用的是光敏电阻式光照度传感器。

光敏电阻式光照度传感器以二极管为传感元件，此类光照度传感器结构及电路如图 2-5-25 所示。光敏二极管的 PN 结与普通二极管一样，具有单向导电性，但在阳光照射下，其反向电阻会明显减小。阳光越强，光敏二极管的反向电阻就越小，将其连接到如图 2-5-25（b）所示的测量电路中，当光敏二极管受到阳光照射而其反向电阻下降时，测量电路就会有与日光量相对应的电流产生，并通过 R 可输出与光照强度相对应的电压 U。空调控制器可根据传感器输出的 U 判断车外阳光的照射强度，并进行相关的控制。

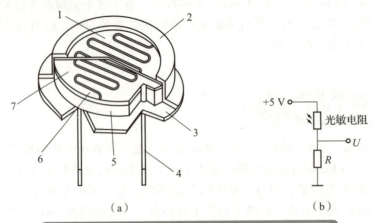

图 2-5-25 光敏电阻式光照度传感器的结构及电路
（a）传感器结构；（b）测量电路
1—玻璃罩；2—金属盖；3—金属底板；4—电极引线；5—陶瓷基片；6—硫化镉（CdS）；7—电极

六、进阶实验

上个实验中，我们制作了光敏小台灯，下面我们就在上个实验的基础上，制作汽车远近光灯自动切换模型。

1. 实验用器件

Arduino UNO 板及配套 USB 数据线：1 套。

光敏电阻：1 个。

LED 灯：2 颗。

220 Ω 的电阻：2 个。

10 kΩ 的电阻：1 个。

面包板：1 个。

跳线：若干。

效果视频

2. 硬件连接

取出本实验用到的所有元件，按照如图 2-5-26 所示线路进行连接。完成连接后，给 Arduino 接上 USB 数据线，供电，准备上传程序。

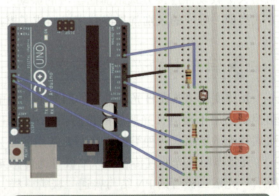

图 2-5-26 硬件连接图

3. 输入代码

打开 Arduino IDE，在编辑框中输入下面的样例代码。

```c
// 汽车远近光灯自动切换模型
int jinLED=8; // 定义数字接口 8
int yuanLED=9; // 定义数字接口 9
void setup( ){
    pinMode(jinLED, OUTPUT); // 设置数字 8 口为输出接口
    pinMode(yuanLED, OUTPUT); // 设置数字 9 口为输出接口
    Serial.begin(9600); // 设置串口通信的波特率为 9 600 b/s
}
void loop( ){
    int value=analogRead(0); // 定义 value 为模拟接口 A0 读取的值
    Serial.print("value="); // 串口显示 value =
    Serial.println(value); // 串口显示 value 的值后并回车
    delay(100); // 延时 100 ms
    if(value <=150)// 如果 value 的值小于等于 150（即无路灯的黑夜状态），则执行 if 后大括号里的语句
        {
            digitalWrite(yuanLED, HIGH); //I/O 口 9 设置为高电平，点亮数字 9 口的 LED
            digitalWrite(jinLED, LOW); //I/O 口 8 设置为低电平，熄灭数字 8 口的 LED
        }
    else if(value>150&&value<350)// 否则如果 value 的值大于 150 并且小于 350（即有路灯的黑夜状态），则执行 if 后大括号里的语句
        {
            digitalWrite(jinLED, HIGH); //I/O 口 8 设置为高电平，点亮数字 8 口的 LED
            digitalWrite(yuanLED, LOW); //I/O 口 9 设置为低电平，熄灭数字 9 口的 LED
        }
    else if(value>350)// 否则如果 value 的值大于 350(即白天状态），则执行 if 后大括号里的语句
        {
            digitalWrite(jinLED, LOW); //I/O 口 8 设置为低电平，熄灭数字 8 口的 LED
            digitalWrite(yuanLED, LOW); //I/O 口 9 设置为低电平，熄灭数字 9 口的 LED
        }
}
```

输入完毕，单击 IDE 的"校验（Verify）"，查看输入代码是否通过编译。如果显示没有错误，则单击"上传（Upload）"，给 Arduino 上传程序。在这个实验中，我们运用手机光来模拟太阳光，用教室里的日光灯光来模拟路灯。有手机光照的情况模拟的是白天，近光灯和远光灯都不会亮；没有手机光照，但有日光灯照的情况模拟的是有路灯的黑夜，此时近光灯亮，远光灯不亮；没有手机光照，也没有日光灯照的情况模拟的是无路灯的黑夜，此时近光灯和远光灯都不亮。因此本实验会涉及三种光照状态，即在有手机光照、有日光灯光照但无手机光照以及既没有日光灯照也没有手机光照，串口会分别读出三个状态下的光照数值，我们再分别取这三个数值的中间值便得到了两个数值，这两个数值作为区分三种光照状态的临界值。从而得到控制远近光灯的阈值条件。本实验做的汽车远近光灯自动切换模型，只是简单地按照光照条件来控制远近光灯的亮灭，但是在实际情况中，我们还要考虑夜晚会车的情况，因此实际的汽车远近光灯自动切换模型还要更加复杂，这里不做深入探讨。

学习任务 2.5.3 温度传感器的控制编程

学习目标

1. 了解温度传感器的参数及工作原理。
2. 了解温度值与电压值的换算方法。
3. 掌握硬件电路的接线方法。
4. 掌握程序的含义。

温度传感器作为汽车重要的传感器之一，它可以检测发动机温度、吸入气体温度、冷却水温度、燃油温度以及催化温度等，并把测量结果转换为电信号输送给 ECU，对进气温度和冷却水温度等进行控制。本节实验就是利用温度传感器来制作一个温度报警器模型。

一、实验用器件

Arduino UNO 板及配套 USB 数据线：1 套。
LM35 温度传感器：1 个。
LED 灯：红黄绿各 1 颗。
220 Ω 电阻：3 个。
面包板：1 个。
跳线：若干。

效果视频

二、硬件连接

取出本实验用到的所有元件,按照如图 2-5-27 所示线路进行连接。连接硬件时首先将 LM35 温度传感器 VOUT 连接到模拟 0 口;然后左边的 VCC 引脚接 +5 V 口,右边的 GND 引脚接板子上的 GND;最后按 LED 灯的连接方法,将绿灯通过电阻接到数字 9 口,将黄灯通过电阻接到数字 10 口,将红灯通过电阻接到数字 11 口。这样温度报警实验的电路就连接好了。完成连接后,给 Arduino 接上 USB 数据线,供电,准备上传程序。

图 2-5-27 硬件连接图

三、输入代码

打开 Arduino IDE,在编辑框中输入下面的样例代码。

```
// 温度报警器模型
int LED_GREEN=9; // 定义与绿灯连接的引脚 9
int LED_YELLOW=10; // 定义与黄灯连接的引脚 10
int LED_RED=11; // 定义与红灯连接的引脚 11
void setup( )
{
    for(j=9;j<=11;j++)// 分别设置红绿黄灯连接的引脚为输出模式
    {
        pinMode(j,OUTPUT);
    }
}
void loop( )
{
    int i=analogRead(0); // 定义 i 等于读取的温度传感器的电压值
    if(i>41&&i<61)// 如果温度在 20 ℃ ~30 ℃之间
    {
        digitalWrite(LED_GREEN,HIGH); // 绿灯亮
        digitalWrite(LED_YELLOW,LOW); // 黄灯灭
        digitalWrite(LED_RED,LOW); // 红灯灭
    }
    else if(i>=61&&i<81)// 否则如果温度在 30~40 ℃之间
```

```
        {
            digitalWrite(LED_YELLOW,HIGH); // 黄灯亮
            digitalWrite(LED_GREEN,LOW); // 绿灯灭
            digitalWrite(LED_RED,LOW); // 红灯灭
        }
        else// 否则温度在 20℃以下和 40℃以上时
        {
            digitalWrite(LED_RED,HIGH); // 红灯亮
            digitalWrite(LED_YELLOW,LOW); // 黄灯灭
            digitalWrite(LED_GREEN,LOW); // 绿灯灭
        }
    }
```

输入完毕，单击 IDE 的"校验（Verify）"，查看输入代码是否通过编译。如果显示没有错误，则单击"上传（Upload）"，给 Arduino 上传程序，之后我们就可以根据哪个 LED 灯亮，来监测所处环境温度是在哪个温度段。

四、硬件回顾

1. LM35 温度传感器

本节实验所使用的是 LM35 温度传感器，如图 2-5-28 所示。

LM35 温度传感器的输出电压与摄氏温标呈线性关系，0℃时输出为 0 V，每升高 1℃，输出电压增加 10 mV。转换公式如下：

$$Vout（T）=10 mV/℃ * T ℃$$

LM35 温度传感器读取的是模拟 0 口的电压值，如果电压值在 0.2~0.3 V（温度为 20℃~30℃），则绿灯亮，表示这个环境温度是可以接受的温度；如果电压值在 0.3~0.4 V（温度为 30℃~40℃），则黄灯亮，表示这个环境温度太高；如果电压值超出上述范围，温度低于 20℃或高于 40℃，则红灯亮以示警告，表示不正常温度。由于模拟口读出的电压值使用 0~1 023 表示，即 0 V 对应 0，5 V 对应 1 023。程序中用的都是经过计算后的数值，例如 0.3 V 对应 61。

LM35 温度传感器的一面是平的，另一面是半圆的。将平面对着自己，最左边的是 VCC 引脚（接 +5 V），中间的为 VOUT（电压值输出引脚，接板子上的模拟引脚），最右边的引脚为 GND 引脚（接板子上的 GND）。LM35 温度传感器的引脚示意图如图 2-5-29 所示。

图 2-5-28　LM35 温度传感器

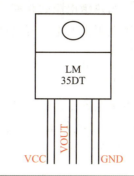

图 2-5-29　LM35 温度传感器的引脚示意图

2. 汽车上的温度传感器

温度传感器将被测对象的温度转换为相应的电信号,以使电控单元能进行温度修正或进行与温度相关的控制。温度传感器按其结构与工作原理分为热敏电阻式、双金属式、热电偶式、热敏磁性式等多种形式,汽车上的温度传感器大都采用热敏电阻式。汽车上的温度传感器有很多,例如:发动机冷却液温度传感器、进气温度传感器、排气温度传感器、变速器油温度传感器、蒸发器温度传感器等。

热敏电阻式温度传感器主要由热敏元件、引线及壳体组成,其最为常见的结构如图 2-5-30 所示。传感器通过壳体上的螺纹或螺钉固定在被测对象附近的物体上,传热套筒是温度传感器的感受元件,其作用是将被测对象的热量传递给热敏元件,使热敏电阻与被测对象达到热平衡(温度一致)。当热敏电阻的温度与被测对象达到一致时,其电阻值与温度相对应,通过测量电路转换为与温度相对应的电压信号。

热敏电阻式温度传感器通过其敏感元件的电阻值随温度而变化这一特性,将被测对象温度的变化转换为传感器电阻的变化,再通过测量电路转换为相应的电压或电流信号。热敏电阻式温度传感器的测量电路主要有串联式和串并联式两种形式,如图 2-5-31 所示。

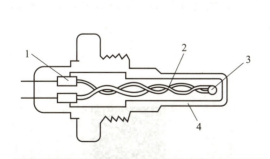

图 2-5-30　热敏电阻式温度传感器的结构

1—接线端子;2—引线;3—热敏电阻;4—传热套筒

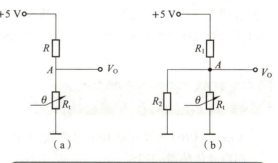

图 2-5-31　热敏电阻式温度传感器的测量电路

(a)串联测量电路;(b)串并联测量电路

R、R_1、R_2—常值电阻;R_t—传感器热敏电阻

1)串联测量电路

串联测量电路中,传感器的热敏电阻 R_t 与常值电阻 R(R 通常是在 ECU 内的输入电路中

连接成分压器。当热敏电阻式传感器的电阻值随温度变化而改变时，就会改变分压器的电压分配比例，热敏电阻上的电压降会随其电阻值的减小而降低，从 A 点即可输出一个与温度相对应的电压信号。

2）串并联测量电路

在串并联测量电路中，R_1 和 R_2 通常也在 ECU 内的输入电路中，传感器的热敏电阻 R_1 与 R_2 并联后再与 R_1 连接成分压器。当传感器热敏电阻的阻值随被测温度的变化而改变时，与 R_2 并联后的等效电阻就会有相应的改变，通过与 R_1 的分压关系，从 A 点输出一个与温度相对应的电压信号。

学习任务 2.5.4　超声波传感器的控制编程

学习目标

1. 了解超声波传感器的参数及工作原理。
2. 了解脉冲宽度与声音传播距离的换算方法。
3. 掌握硬件电路的接线方法。
4. 掌握程序的含义。

倒车雷达是汽车驻车或者倒车时的安全辅助装置，能以声音或者更为直观的显示告知驾驶员周围障碍物的情况，解除驾驶员驻车、倒车和起动车辆时前后左右探视所引起的困扰，并帮助驾驶员扫除视野死角和视线模糊的缺陷。而超声波传感器作为汽车重要的传感器之一，是汽车倒车雷达的重要组成部分。本次主要任务就是利用超声波传感器来制作一个简易的声音报警倒车雷达模型。但是本节内容涉及较多新知识，因此在做倒车雷达模型之前，我们先通过下面的程序及硬件来认识一下超声波传感器。

一、实验用器件

Arduino UNO 板及配套 USB 数据线：1 套。
超声波传感器：1 个。
面包板：1 个。
跳线：若干。

效果视频

二、硬件连接

取出本实验用到的所有元件,按照如图 2-5-32 所示线路进行连接。完成连接后,给 Arduino 接上 USB 数据线,供电,准备上传程序。

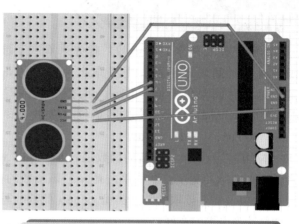

图 2-5-32 硬件连接图

三、输入代码

打开 Arduino IDE,在编辑框中输入下面的样例代码。

```
// 利用超声波传感器检测与障碍物间的距离
int TrigPin =7; // 定义与触发引脚相连的数字口 7
int EchoPin=6; // 定义与回声引脚相连的数字口 6
void setup( ) {
    pinMode(TrigPin, OUTPUT); // 设置与触发引脚相连的数字口为输出模式
    pinMode(EchoPin, INPUT); // 设置与回声引脚相连的数字口为输入模式
    Serial.begin(9600); // 设置串口通信的波特率为 9 600 b/s
}
void loop( ) {
    digitalWrite(TrigPin, LOW); // 触发引脚连接的数字口设置为低电平
    delayMicroseconds(10); // 延时 10 μs
    digitalWrite(TrigPin, HIGH); // 触发引脚连接的数字口设置为高电平
    delayMicroseconds(10); // 延时 10 μs
    digitalWrite(TrigPin, LOW); // 触发引脚连接的数字口设置为低电平
    int t=pulseIn(EchoPin, HIGH); // 定义 t 等于回声引脚连接的数字口读取的脉冲高电平的宽度
    int juli=t/59; // 定义 juli 等于 t/59 的值
    Serial.print("juli= "); // 串口显示 juli=
    Serial.print(juli); // 串口显示 juli 的值
    Serial.println("cm"); // 串口显示 cm
}
```

输入完毕,单击 IDE 的"校验(Verify)",查看输入代码是否通过编译。如果显示没有错误,则单击"上传(Upload)",给 Arduino 上传程序。之后我们就可以通过移动障碍物,在串口监视器里观察到障碍物距离超声波传感器的实时距离。

四、代码回顾

本程序涉及两个新的函数，首先来看一下涉及的第一个函数：delayMicroseconds( )。该函数也是时间延迟函数，用法跟之前学过的delay( )函数基本一样，唯一不同的地方就是延迟的时间单位不同，delay( )函数延迟的时间单位是毫秒（ms），而本节新学的函数delayMicroseconds( )延迟的时间单位是微秒（μs）。而毫秒与微秒之间的进制为1 000，即 1 ms=1000 μs，1 s=1×10^6 μs。

本程序涉及的第二个新的函数是pulseIn(pin, value)，该函数用于检测引脚输出的高电平或者低电平的脉冲宽度，默认单位是μs。该函数的括号里包括两个部分，即需要读取脉冲的引脚pin，以及需要读取的脉冲类型value（此部分写HIGH或LOW）。而本程序则是读取回声引脚的脉冲高电平的宽度。

本程序计算出的距离单位为厘米（cm），声速为340 m/s。所以程序中"juli"的计算方法如下：

$$juli=[(t/1\,000\,000)*340/2]*100=t*17/1\,000=t/(1000/17)\approx t/59$$

五、硬件回顾

1. 超声波测距模块

本节实验所使用的超声波传感器是HC-SR04超声波测距模块，它可提供2~400 cm的非接触式距离感测功能，测距精度高达3 mm；模块包括超声波发射器、接收器与控制电路。像智能小车的测距以及转向，或其他一些项目常常会用到此模块。图2-5-33所示为HC-SR04超声波传感器实物。其引脚从左到右分别为VCC（接5 V电源）、Trig脉冲触发引脚（接数字口）、Echo回声引脚（接数字口）、GND（接地）。

图2-5-33 HC-SR04超声波传感器实物

在使用该硬件时，首先我们需要用Arduino的数字引脚给HC-SR04的Trig引脚至少10 μs的高电平信号，该信号是用来触发HC-SR04模块测距功能的。触发后，模块会自动发送8个40 kHz的超声波脉冲，与此同时回声引脚（Echo）端的电平会由0变为1（此时应该启动定时器计时）；当超声波返回被模块接收到时，回声引脚端的电平会由1变为0（此时应该停止定时器计时），定时器记下的这个时间即为超声波由发射到返回的总时长。然后再根据声音在空气中的传播速度为340 m/s，即可计算出所测的距离。图2-5-34所示为时序图。

从图 2-5-34 中我们可以看到，先由触发信号启动 HC-RS04 测距模块，即由触发引脚发送至少 10 μs 的高电平，触发 HC-RS04。而模块内部发出的信号是传感器自动回应的，不需要人为操作。但回声信号是我们需要关注的。信号输出的高电平就是超声波从发出到返回接收所用的时间。我们通过函数 pulseIn(pin, value) 就可以把这段时间记录下来，并计算出距离，切记结果要除以 2，因为总时间是发送和接收的时间总和。

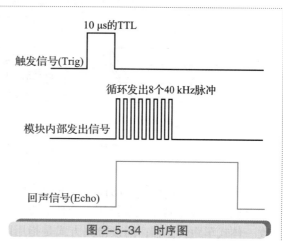

图 2-5-34 时序图

2. 汽车上的超声波距离传感器

倒车雷达是由超声波距离传感器、控制器和显示器或蜂鸣器等部分组成的。倒车雷达一般采用超声波测距原理，即传感器在控制器的控制下发射超声波信号，当遇到障碍物时，产生回波信号，传感器接收到回波信号后，经控制器进行数据处理，并判断出障碍物的位置，显示距离并发出其他警示信号，从而达到安全泊车的目的。

超声波距离传感器就是利用超声波的发射和接收原理进行距离测定的传感器，也称超声波换能器，俗称"探头"，主要用于倒车雷达系统中车辆与障碍物之间距离的测量，或者在车距控制辅助系统中，用于测定后车与前车的跟车距离。倒车雷达系统所使用的超声波距离传感器有 2 个、3 个、4 个、6 个、8 个及 10 个之分。具有 2 个、3 个、4 个探头的倒车雷达安装在汽车的后保险杠上，具有 6 个、8 个探头的倒车雷达一般安装为前 2 后 4 和前 4 后 4。通常来说，探头数量决定了倒车雷达的探测覆盖能力，探头越多越能减少探测盲区。

6 个以上探头的倒车雷达在倒车时，还可探测前左、右角与障碍物的距离。目前常用的频率有 40 Hz、48 Hz、58 Hz，可以选择不同的频率以满足不同车型的需要。

1）测距原理

超声波测距是通过不断检测超声波发射后遇到障碍物所反射的回波，由单片机实时检测超声波传播所用的时间 ΔT。利用超声波在同种介质中传播速度不变的性质，在声速 v 已知的条件下，得到障碍物与传感器之间的距离

$$S = \Delta T v / 2$$

式中，v 为超声波波速，常温下取 344 m/s；ΔT 为自发射出超声波到接收到反射回波的时间差。

2）传感器工作原理

由物理学可知，将两个压电元件（或一个压电元件和一个金属板）黏合在一起成为压电片。当超声波照射到压电晶体上时，压电晶体产生振动，并产生压电信号；同理，当有电信号输入到压电晶体上时，压电晶体产生超声波。超声波距离传感器就是根据这一原理设计的测量距离的检测装置。

超声波探头利用压电陶瓷（主要材料为 GaAs 砷化镓和 SiGe 硅锗）作为换能器件实现超声波的发射和接收。给探头压电陶瓷片施加一定的超音频电信号，压电陶瓷片将电能转换成声能发送超声波。超声波遇到障碍物被反射后作用于探头压电陶瓷片，压电陶瓷片将声能再转换成电信号，微弱的电信号经放大后送到 ECU 进行处理。双压电晶片示意图如图 2-5-35 所示。

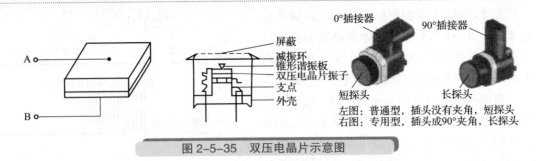

图 2-5-35　双压电晶片示意图

按照接收和发送信号的传感器的组合情况,可以将其检测方式分为直接检测和间接检测两种方式。直接检测方式是指用一个传感器发送并接收信号的检测距离的方式,即使用发射/接收一体式车距传感器;间接检测方式是指用两个传感器,一个用于发送信号,另一个用于接收信号的检测方式。现在以使用直接检测方式为主。

3)驻车辅助系统的工作原理

迈腾轿车驻车辅助系统的结构及工作原理如图 2-5-36 所示,后保险杠上安装 4 个超声波距离传感器,并在前保险杠或散热器格栅上安装 4 个超声波距离传感器。驻车辅助控制单元 J446 通过前、后保险杠内的超声波距离传感器监控车辆周围的环境。通过汽车内部的两个警告蜂鸣器来进行声音间距的警示。驻车辅助按钮位于变速杆右侧,按下该按钮或挂倒挡,驻车辅助功能被激活。再次按下该按钮或当车速大于 15 km/h 时,该功能终止。驻车辅助起作用时,LED 灯为黄色,若有故障,则该灯闪烁。

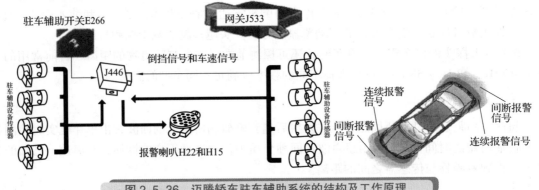

图 2-5-36　迈腾轿车驻车辅助系统的结构及工作原理

打开点火开关以后进行自检,在 1 s 后关闭自检。如果驻车辅助系统已待命,则信号声会短促响起,功能指示灯亮起。如果发现系统故障,就会响起一个持续 5 s 的信号声,驻车辅助系统的功能指示灯闪烁。在正常情况下进行测距时,报警音之间的暂停间隔时间随着距离逐渐减小而成比例缩短。测量不超过 30 cm 的距离时,报警音变为连续音。

六、进阶实验

上个实验中,我们学会了如何利用超声波传感器来检测与障碍物之间的距离,下面我们就在上面实验的基础上,制作一个简易声音报警倒车雷达模型。

1. 实验用器件

Arduino UNO 板及配套 USB 数据线：1 套。
超声波传感器：1 个。
蜂鸣器：一个。
面包板：1 个。
跳线：若干。
杜邦线：2 条。

效果视频

2. 硬件连接

取出本实验用到的所有元件，按照如图 2-5-37 所示线路进行连接。本实验的硬件连接就是在上一个实验的基础上加上了蜂鸣器的连接。完成连接后，给 Arduino 接上 USB 数据线，供电，准备上传程序。

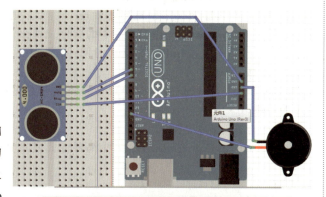
图 2-5-37 硬件连接图

3. 输入代码

打开 Arduino IDE，在编辑框中输入下面的样例代码。

```
// 简易声音报警倒车雷达模型
int TrigPin=7; // 定义与触发引脚相连的数字口 7
int EchoPin=6; // 定义与回声引脚相连的数字口 6
int buzzer=13; // 定义与蜂鸣器相连的数字口 13
void setup( ) {
    pinMode(TrigPin, OUTPUT); // 设置与触发引脚相连的数字口为输出模式
    pinMode(EchoPin, INPUT); // 设置与回声引脚相连的数字口为输入模式
    pinMode(buzzer, OUTPUT); // 设置与蜂鸣器相连的数字口为输出模式
    Serial.begin(9600); // 设置串口通信的波特率为 9 600 b/s
}
void loop( ) {
    digitalWrite(TrigPin, LOW); // 触发引脚连接的数字口设置为低电平
    delayMicroseconds(10); // 延时 10 μs
    digitalWrite(TrigPin, HIGH); // 触发引脚连接的数字口设置为高电平
    delayMicroseconds(10); // 延时 10 μs
    digitalWrite(TrigPin, LOW); // 触发引脚连接的数字口设置为低电平
    int t=pulseIn(EchoPin, HIGH); // 定义 t 等于回声引脚连接的数字口读取的脉冲高电平的宽度
    int juli=t/59; // 定义 juli 等于 t/59 的值
    Serial.print("juli="); // 串口显示 juli=
    Serial.print(juli); // 串口显示 juli 的值
```

```
        Serial.println("cm"); // 串口显示 cm
        if(juli<15)// 如果障碍物距离超声波传感器的距离小于 15 cm，则执行下面大括号
里面的语句
        {
            tone(buzzer, 1 000); // 蜂鸣器以 1 000 Hz 的频率发出声音
            delay(100); // 延时 100 ms
            noTone(buzzer); // 蜂鸣器停止发出声音
            delay(7*juli); // 延时时间为 7*juli ms
        }
        else// 否则如果障碍物距离超声波传感器的距离不小于 15 cm，则执行下面大括号
里面的语句
        {
            noTone(buzzer); // 蜂鸣器停止发出声音
        }
    }
```

输入完毕，单击 IDE 的"校验（Verify）"，查看输入代码是否通过编译。如果显示没有错误，则单击"上传（Upload）"，给 Arduino 上传程序。之后我们就可以观察到，当障碍物距离超声波传感器越来越近的时候，蜂鸣器发出的声音就会越来越急促。

课题 2.6　典型汽车控制系统

学习任务 2.6.1　模拟汽车喷油系统控制

学习目标

1. 了解模拟量的含义及 PWM 技术。
2. 掌握硬件电路的接线方法。
3. 掌握程序的含义。

影响汽车喷油量大小的因素有很多,其中最为重要的是加速踏板深度。本实验通过 4 颗 LED 灯的亮灭来模拟加速踏板开度对喷油量的影响,具体为 LED 灯亮的时间代表喷油,灭的时间代表不喷油。

一、实验用器件

Arduino UNO 板及配套 USB 数据线:1 套。
LED 灯:4 颗。
220 Ω 的电阻:4 个。
滑动变阻器:1 个。
面包板:1 个。
跳线:若干。

效果视频

二、硬件连接

取出本实验所用到的元件,进行连接。连接方法如图 2-6-1 所示。本实验的硬件连接涉及以前学习过的 LED 连接及滑动变阻器连接,连接方式都已学过,这里不再赘述。完成连接后,给 Arduino 接上 USB 数据线,供电,准备上传程序。

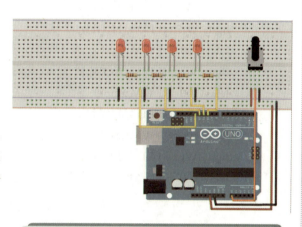

图 2-6-1 硬件连接图

三、输入代码

打开 Arduino IDE,在编辑框中输入下面的样例代码。

```
//汽车喷油系统控制
int LED1=10; // 定义数字接口 10
int LED2=11; // 定义数字接口 11
int LED3=12; // 定义数字接口 12
int LED4=13; // 定义数字接口 13
int value=0;
void setup( ) {
    for(int i=10; i<=13; i++){
        pinMode(i,OUTPUT); // 设置数字 10~13 口为输出接口
    }
}
```

```
void loop( ){
    value=analogRead(0); // 读取电子加速器电压模拟值（0~1 023 对应 0~5 V）
    int PWMtime=value/10; // 将电压模拟值换算到 0~100，防止数据溢出
    digitalWrite(LED1, HIGH);
    delay(100 + PWMtime);
    digitalWrite(LED1, LOW);
    delay(100 - PWMtime);
    digitalWrite(LED2, HIGH);
    delay(100 + PWMtime);
    digitalWrite(LED2, LOW);
    delay(100 - PWMtime);
    digitalWrite(LED3, HIGH);
    delay(100 + PWMtime);
    digitalWrite(LED3, LOW);
    delay(100 - PWMtime);
    digitalWrite(LED4, HIGH);
    delay(100 + PWMtime);
    digitalWrite(LED4, LOW);
    delay(100 - PWMtime);
}
```

输入完毕，单击 IDE 的"校验（Verify）"，查看输入代码是否通过编译。如果显示没有错误，则单击"上传（Upload）"，给 Arduino 上传程序。之后我们便可以看到因为滑动变阻器处在不同位置而影响到面包板上的 LED 灯的点亮时间（喷油时间）。

四、代码讲解

上面程序用到的大部分代码我们已经很熟悉了，比如初始化变量声明、引脚设置、for 循环等。现代车辆加速踏板可近似理解为滑动变阻器，只是踏板内部结构会生成两个成比例的电压信号，ECU 对电压信号进行对比确认，保证得到的是正确的加速信号。因此，此项任务使用滑动变阻器来代替加速踏板。滑动变阻器采用典型分压电路接入单片机模拟输入口 A0 中。当滑动变阻器滑动时，单片机 A0 口会得到 0~5 V 的电压信号，通过单片机内部的模数转换器将其转换为对应的 0~1 023。本实验单缸默认（怠速）的喷油时长为 100 ms，关闭 100 ms，4 个缸依次工作，以此类推。为简化模型，4 缸喷油顺序为从 1 至 4。

value/10 的作用是将电压模拟量转换为 0~100 的数字，以此用作改变占空比的参数。喷油时间增加 PWMtime，关闭时间减小 PWMtime，保证整体时间不变，但占空比发生改变。

五、硬件讲解

1. 汽车加速踏板

一般而言,增减行驶速度是指通过加速踏板改变发动机节气门开度,从而控制可燃混合气的流量,改变发动机的转速和功率,以适应汽车行驶的需要。传统的节气门操纵机构是通过拉索或者拉杆,一端连接加速踏板,另一端连接节气门连动板而工作。但这种传统加速器应用范畴受到限制并缺乏精确性,随着汽车电子技术的发展,电子加速器(EGAS)应运而生。在目前的电子燃油喷射发动机上,电子加速器除了发挥上述功能外,它还可以进一步改善发动机的节油和排放性能,因为它控制着发动机动力调节。电子加速器的主要功能是把驾驶员踩下加速踏板的角度转换成与其成正比的电压信号,同时把加速踏板的各种特殊位置制成接触开关,把怠速、高负荷、加减速等发动机工况变成电脉冲信号输送给电控发动机的控制器ECU,以达到供油、喷油与变速等的优化自动控制。

电子加速器控制系统主要由加速踏板、踏板位移传感器、ECU(电控单元)、数据总线、伺服电动机和节气门执行机构组成。位置传感器安装在加速踏板内部,随时监测加速踏板的位置。当监测到加速踏板位置有变化时,位置传感器会瞬间将此信息送往ECU,ECU对该信息和其他系统传来的数据信息进行运算处理,计算出一个控制信号,通过线路送到伺服电动机继电器,伺服电动机驱动节气门执行机构,数据总线则负责系统ECU与其他ECU之间的通信。

加速踏板位置传感器以分压电路原理工作,ECU供给传感器电路5V电压。电子加速踏板通过转轴与传感器内部的滑动变阻器的电刷连接,加速踏板位置传感器的位置改变时,电刷与接地端的电压发生改变,ECU将该电压转变成加速踏板的位置信号,ECU监测加速踏板内部2套滑动电阻,保证输出信号的可靠性。按照如图2-6-2所示测量传感器与ECU之间线路的数据。通电状态下,线束插头1#、2#、4#、6#插片处应有5V电压,3#、5#插片电压为0V。具体在实际过程中的数据如下:通电状态下,不踩动踏板,"加速踏板1原始值-电压"为0.7V左右,"加速踏板2原始值-电压"为0.35V左右,节气门开度应为0%;踩下加速踏板,随着加速踏板开度的增大,2套滑动电阻的电压也随之增大,但要始终保持电阻1的电压为电阻2电压的2倍关系。

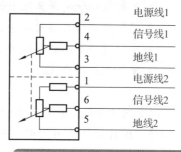

图2-6-2 加速踏板接线图

2. 汽车燃油喷射系统

汽车燃油喷射系统按照喷射位置的不同分为缸内直喷和进气道喷射,区别在于喷油嘴的安装位置。缸内直喷喷射系统直接把燃油喷入工作缸内,而进气道喷射系统是把燃油喷入进气歧管中,很明显,缸内直喷喷射系统对喷油嘴的要求更高。图2-6-3所示为典型的进气道燃油喷射系统。

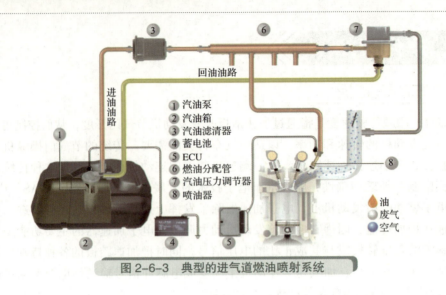

图 2-6-3 典型的进气道燃油喷射系统

学习任务 2.6.2 模拟汽车点火系统控制

学习目标

1. 了解模拟量的含义及 PWM 技术。
2. 了解节气门开度对发动机点火时刻的影响。
3. 掌握硬件电路的接线方法。
4. 掌握程序的含义。

汽车加速踏板位置的改变会影响发动机点火时刻。本实验用到两个单片机,单片机 1 为标准信号,单片机 2 为可控点火提前量的信号。通过 4 颗 LED 灯的亮灭模拟加速踏板位置对点火时刻的影响。LED 灯亮的时间代表点火,灭的时间代表不点火。影响点火时刻的因素有很多,比如发动机转速、负荷、燃料种类等,这里只做简单线性模拟。

一、实验用器件

Arduino UNO 板:2 套。
配套 USB 数据线:1 套。
LED 灯:8 颗。
220 Ω 的电阻:8 个。

滑动变阻器：1个。
面包板：1个。
跳线：若干。

效果视频

二、硬件连接

取出本实验所用到的元件，进行连接，连接方法如图 2-6-4 所示。本实验的硬件连接与上一节类似，区别在于多用了一个单片机产生标准信号，可以参照上个任务线路，这里不再赘述。完成连接后，给 Arduino 接上 USB 数据线，供电，准备上传程序。

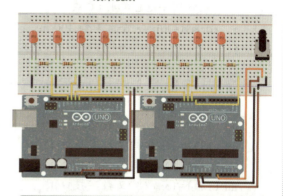

图 2-6-4 硬件连接图

三、输入代码

1. 单片机 I（基准信号）代码

```
// 汽车喷油系统控制
int LED1=10; // 定义数字接口 10
int LED2=11; // 定义数字接口 11
int LED3=12; // 定义数字接口 12
int LED4=13; // 定义数字接口 13
void setup( ) {
    for(int i=10; i<=13; i++){
        pinMode(i,OUTPUT); // 设置数字 10~13 口为输出接口
    }
}
void loop( ){
    digitalWrite(LED1, HIGH);
    delay(100); // 喷油时间 100 ms
    digitalWrite(LED1, LOW);
    delay(400); // 停止工作 400 ms
    digitalWrite(LED2, HIGH);
    delay(100); // 喷油时间 100 ms
    digitalWrite(LED2, LOW);
    delay(400); // 停止工作 400 ms
    digitalWrite(LED3, HIGH);
    delay(100); // 喷油时间 100 ms
```

```
        digitalWrite(LED3, LOW);
        delay(400); // 停止工作 400 ms
        digitalWrite(LED4, HIGH);
        delay(100); // 喷油时间 100 ms
        digitalWrite(LED4, LOW);
        delay(400); // 停止工作 400 ms
}
```

2. 单片机2（可控信号）代码

```
int LED1=10; // 定义数字接口 10
int LED2=11; // 定义数字接口 11
int LED3=12; // 定义数字接口 12
int LED4=13; // 定义数字接口 13
int value=0;
void setup( ) {
    for(int i=10; i<=13; i++){
        pinMode(i,OUTPUT); // 设置数字 10~13 口为输出接口
    }
}
void loop( ){
    value=analogRead(0); // 读取电压模拟值（0~1 023 对应 0~5 V）
    int DELAYtime=value/10; // 将电压模拟值换算到 0~100
    delay(DELAYtime); // 喷油提前的时间
    digitalWrite(LED1, HIGH);
    delay(100); // 喷油 100 ms
    digitalWrite(LED1, LOW);
    delay(400); // 喷油 400 ms
    digitalWrite(LED2, HIGH);
    delay(100); // 喷油 100 ms
    digitalWrite(LED2, LOW);
    delay(400); // 喷油 400 ms
    digitalWrite(LED3, HIGH);
    delay(100); // 喷油 100 ms
    digitalWrite(LED3, LOW);
    delay(400); // 喷油 400 ms
    digitalWrite(LED4, HIGH);
    delay(100); // 喷油 100 ms
    digitalWrite(LED4, LOW);
    delay(400); // 喷油 400 ms
}
```

输入完毕，单击 IDE 的"校验（Verify）"，查看输入代码是否通过编译。如果显示没有错误，单击"上传（Upload）"，给 Arduino 上传程序。之后我们便可以看到，由于滑动变阻器处在不同位置，所以面包板上的 LED 可以控制喷油 LED 的提前点亮时间（喷油提前时间）。

四、代码讲解

上面程序用到的大部分代码我们已经很熟悉了，比如初始化变量声明、引脚设置、for 循环等。滑动变阻器的作用和上一节一致，仍然是模拟加速踏板位置信号。滑动变阻器采用典型分压电路接入单片机模拟输入口 A0 中。当滑动变阻器滑动时，单片机 A0 口会得到 0~5 V 电压信号，通过单片机内部的 A/D 转换器将其转换为对应的 0~1 023。本实验单缸默认（怠速）的点火时长为 100 ms，关闭 400 ms，4 个缸依次工作，以此类推。为简化模型，4 缸喷油顺序为从 1 至 4。

value/10 的作用是将电压模拟量转换为 0~100 的数字，以此用作改变占空比的参数。点火时间增加 PWMtime，关闭时间减小 PWMtime，保证整体时间不变，但占空比发生改变。

本实验采用两个单片机一起工作。其中单片机 1 的作用是产生一个不会发生变化的标准信号，起对比作用。将单片机 1 和单片机 2 的程序分别上传至对应单片机，单片机 1 的 5 V 及 GND 与单片机 2 的 5 V 及 GND 分别连接，保证两片单片机能够同时工作，方便比较。

五、硬件介绍

点火系统的主要作用是在气缸内适时、准确、可靠地产生电火花，以点燃可燃混合气，使汽油发动机实现做功。点火系统的发展主要经历了传统点火系统、电子点火系统和微机控制点火系统三个阶段，如图 2-6-5 所示。目前汽油车都处在微机控制逐缸点火系统阶段。

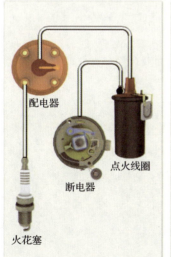
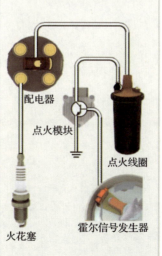
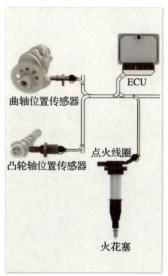

图 2-6-5　三种点火系统结构

发动机的类型不同，车辆的点火顺序也不尽相同。

（1）三缸发动机一般按照 1—3—2 顺序。1 缸先做功；当曲轴转角到 0°~240° 时，3 缸做功；当曲轴转角到 240°~720° 时，2 缸再做功。

（2）四缸发动机：点火顺序为 1—2—4—3 或 1—3—4—2。以 1—3—4—2 的点火顺序为例，当曲轴转角为 0°~180° 时，1 缸做功；当曲轴转角为 180°~360° 时，3 缸做功；当曲轴转角为 360°~540° 时，4 缸做功；当曲轴转角为 540°~720° 时，2 缸做功。

（3）五缸发动机：点火顺序为 1—2—4—5—3。

（4）六缸发动机：六缸发动机分为直列六缸发动机和 V 形六缸发动机，其点火顺序也有所差异。直列六缸发动机的点火顺序一般为 1—5—3—6—2—4 或者 1—4—2—6—3—5；V 形六缸发动机的点火顺序一般为 1—4—5—2—3—6 或者 1—6—5—4—3—2。

（5）八缸发动机：点火顺序一般为 1—8—4—3—6—5—7—2。

项目三 汽车网络技术基础

课题 3.1 网络的基本概念

> **学习目标**
>
> 1. 掌握信号的类型及传输方式。
> 2. 了解信息流方向、协议及网关的概念。

网络就是用传输介质将各个孤立的节点连在一起，组成数据链路，利用传输介质对各个节点进行控制或把各个节点的信息资源进行共享的一种方式。

一、信号的类型

模拟信号和数字信号是信号的两种不同形式，它们的作用都是在两个实体之间进行信息传递。

模拟信号（Analog Data）是在某一范围内表现为连续的一种信号，如图3-1-1所示。其分布于自然界的各个角落，如每天的温度数据，它是随着时间周期变化而在一定范围内呈现连续的数据。

数字信号(Digital Data)是人们抽象出来的、不连续的信号，其幅值被设定在有限个数值之内，如图3-1-2所示。比如计算机内部的通信，它采用的就是两个数"0"与"1"，任何消息都用"0"与"1"表示；车内的喷油嘴脉冲信号只有高电平与低电平。

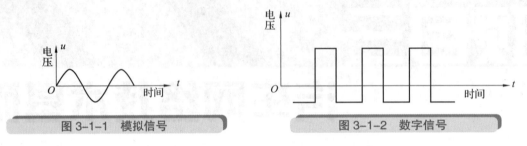

图3-1-1 模拟信号　　　　　　　图3-1-2 数字信号

信号在传递过程中，受到内部与外部的各种干扰，其强度会随着通信距离的不断增大而降低。这样会使得不同的接收方对同一发送方发出的信息产生不同的理解，模拟信号表现得尤为明显。出于安全考虑，车辆在信号选择与应用方面通常会选择数字信号。

二、信号的传输方式

车辆上的各种控制单元之间通过数字信号来传递各种控制数据和状态数据，传输数据的系统称为数据传输系统。传输方式分为两种：并行数据传输和串行数据传输。

并行数据传输是发送装置使用多个通道同时向接收装置传送数据，如图3-1-3所示。利用并行传输方式进行数据传输时，在发送装置与接收装置之间必须有8条信息通道才可以完成。例如单片机的各种总线数据均采用并行传输方式来进行数据传递。

串行数据传输是发送装置把数据排成一队，利用一个通道向接收装置依次传输所需数据，如图3-1-4所示。

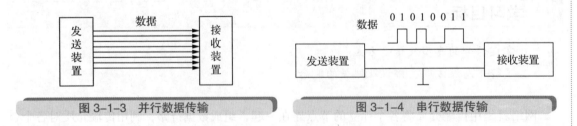

图3-1-3 并行数据传输　　　　　　　图3-1-4 串行数据传输

并行传输方式的传输速度快，效率高，可以在最短的时间内完成从发送装置到接收装置的信号传递，但由于该传输方式的传输成本较高，一般只应用于较短距离的传输领域，例如：打印机与PC之间的数据传输。与并行传输方式相比，串行传输方式传输速度慢，效率相对低。同一个8位数据，并行传输方式只需要一个单位时间就可以传输完毕，而串行传输则需要八个单位时间才能传输完毕。但是串行数据传输的传输成本要低很多，传输距离越长越能体现其优势。

串行传输方式有两种：同步传输方式和异步传输方式。最常用的串行传输方式是异步传输。在异步传输时，发送装置将数据分成若干个小组，每一个数据分组都由几个部分组成，它在任何时刻都可以将这些分组数据发出，而接收装置从不知道发送出的分组数据何时会到达。这就好像键盘和主机的关系，主机不知道键盘何时发送信息，这完全取决于键盘。异步传输方式的数据结构通常由起始位、数据位、检查位与停止位四个部分构成，如图3-1-5所示。起始位用来通知接收装置信息即将到达，防止接收装置漏掉信息；检查位用来检验数据信息是否正确；停止位表示该信息已经传输结束，通知发送装置开始第二轮发送，同时也为接收装置创造了接收下面字符的准备时间。

图3-1-5 异步传输方式

同步传输的发送装置和接收装置使用相同的时钟频率，因此数据分组要比异步传输大很多，它发送的数据是由单一字符组合起来的信息，这些组合起来的信息我们称之为帧，帧的数据格式如图3-1-6所示。同步传输的数据第一部分是同步字符，最后一部分是结束标记字符，类似于异步传输的起始位与停止位。

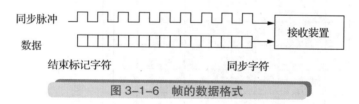

图3-1-6 帧的数据格式

三、信息流方向

根据传输方向的不同，数据传输有三种基本传输模式：全双工传输模式（Full Duplex Transmission）、半双工传输模式（Half Duplex Transmission）和单工传输模式（Simplex Transmission）。

全双工传输可以同时在两个方向上收发数据，如图3-1-7所示。全双工传输方式有两条传输通道，彼此没有任何联系，这样就保证发送和接收能够同时进行，例如电话通信。

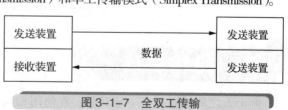

图3-1-7 全双工传输

半双工传输也可以向两个方向传输数据，但只有一条传输通道，发送和接收过程不能同时工作。两个方向上的通信设备在接收装置和发送装置之间转换，但是不具备同时拥有两种身份的功能，如图 3-1-8 所示，例如对讲机通信。

单工传输与前面两种传输方式最大的不同在于其只能向一个方向传输数据，即单向传输，通信设备只具备接收装置或者发送装置中的一种身份，如图 3-1-9 所示。广播通信使用的就是单工传输方式。

图 3-1-8 半双工传输　　　　　　　　图 3-1-9 单工传输

四、信号电平

为了能够清楚区分车辆应用方面的高和低两种电平状态，明确规定了每种状态的对应范围：高电平为 6~12 V；低电平为 0~2 V；2~6 V 为禁止范围，用于识别故障，具体如图 3-1-10 所示。

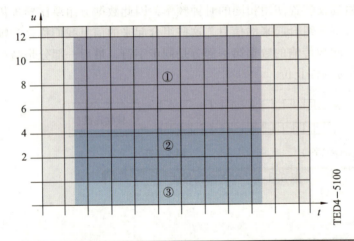

索引	说明	索引	说明
①	高电平范围	u	信号电平
②	禁止范围	t	时间
③	低电平范围		

图 3-1-10 高低电平的确定

五、通信协议

两个人之间想要进行一场对话，在使用相同语言的同时，还要彼此之间按顺序轮流发言，否则不能正常地交谈。在汽车上，接收装置和发送装置之间的通信就像两个人之间进行一场对话，实体之间也必须使用相同的语言，按照优先级进行发送和接收，从而完成正常的"交谈"。而通信协议就是规定通信双方在总线上传输数据时的规范。

1. 通信协议要素及功能

通常，协议由语法、语义、定时规则组成，如表3-1-1所示。

表3-1-1 通信协议

要素	功能
语法	明确通信实体之间的语言格式。由逻辑说明构成，说明大家要共同遵守的信息（或报文）构成的格式，比如规定报文的前几位作为报头（或标题）字段使用、哪几位是命令和应答，报头、命令、应答采用怎样的结构格式
语义	明确通信实体之间的通信内容。解释在实体间传输的控制信号、反馈信号等各种逻辑信号，让接收装置和发送装置能够依照信号内容正确运行
定时规则	明确通信双方的"发言"顺序

协议的作用是控制通信双方的对话过程，发现数据错误并确定处理规则。每个协议都针对特定的目标，因此各个协议的功能是不一样的，但是所有协议都具有公共的功能，这些功能如表3-1-2所示。

表3-1-2 协议功能

项目	功能
差错检测与纠正	通信传输协议最重要的功能就是对传输的内容进行差错检验与纠正，一般使用的方法包括CRC校验和软件检查
分块与重装	由于协议的不同，数据在传输过程中对信息长度和格式是有限制条件的，必须按照协议要求对数据进行处理。处理方法一般为分块和重装。分块操作将原始数据分割成若干小数据组；重装是把分割的小数据组重新组合成原始数据
排序	通过数字编码的方式对发送的数据进行排序，排序后的数据可以按序传递，避免冲突
流量控制	对数据通道上所发送的信息数量和发送的信息速度进行限制，防止发生通道堵塞

2. 协议的类型

协议可根据不同特性进行分类，这里主要列举了两种不同的分类方式，如表3-1-3所示。

表3-1-3 协议分类

类型	功能
直接型与间接型	两个实体间进行的是点对点通信，信息可以直接连通，此时用的就是直接型协议。两个实体在不同的网络中进行数据互通，由于不同网络的通信协议不同，需要借助第三方实体才能进行通信，此时用的就是间接型协议
单体型与结构化型	利用单一协议就能实现两个实体间的通信，这种协议被称为单体型协议。由于网络内实体间通信是非常繁杂的，不可能利用单体型协议来解决所有问题，结构化型协议应运而生。结构化协议就是把不同的信息在不同层级中处理，较低层级的数据交换支撑着较高层级的数据处理

六、网关

数据总线的通信协议决定了信号格式,不同的总线对应不同的信号。而不同类型的信号不能够直接互通,这就需要一个能够让两个系统彼此通信的工具,网关的作用就是如此。位于不同类型总线上的发送装置将信息发送到网关,网关根据规则翻译数据并将其发送给接收装置,如图 3-1-11 所示。

线性总线系统 → 网关 → 环形总线系统

图 3-1-11 网关的作用

对于车辆来说,网关有三种功能:将车辆内部不同总线的诊断数据发送到 K 线;连接车内位于不同总线上的控制单元;改变同一数据信息在不同总线系统中的优先级。

BMW 车辆上网关安装位置如表 3-1-4 所示。

表 3-1-4 BMW 车辆上网关安装位置

车型	网关
E38	组合仪表
E46	组合仪表
E60/61	SGM
E63/64	SGM
E65/66/67	ZGM 或 SGM
E83	组合仪表
E85	组合仪表
E87	接线盒

课题 3.2　CAN 网络和 LIN 网络

学习目标

1. 了解 CAN 网络的物理构成。
2. 了解 CAN 网络的传输原理。
3. 了解 LIN 网络的传输原理。

一、总线系统概览

原则上总线系统分为两组：主总线系统和子总线系统。主总线系统负责跨系统的数据交换，子总线系统负责系统内的数据交换，这些系统用于交换特定系统内数据量相对较少的数据。

主总线系统包括下列总线，具体如表 3-2-1 所示。

表 3-2-1 主总线系统

主总线系统	数据传输率	总线结构
K 总线*	9.6 kb/s	线性、单线
D 总线	105~115 kb/s	线性、单线
CAN	100 kb/s	线性、双线
K-CAN	100 kb/s	线性、双线
F-CAN	100 kb/s	线性、双线
PT-CAN	500 kb/s	线性、双线
byteflight	10 Mb/s	星形、光缆
MOST	22.5 Mb/s	环形、光缆

注：* 在更早的车型中也称为 I 总线。

子总线系统包括下列总线，具体如表 3-2-2 所示。

表 3-2-2 子总线系统

子总线系统	数据传输率	总线结构
K 总线协议	9.6 kb/s	线性、单线
BSD	9.6 kb/s	线性、单线
DWA 总线	9.6 kb/s	线性、单线
LIN 总线	9.6~19.2 kb/s	线性、单线

二、车用 CAN 总线

CAN 是 Controller Area Network（控制器局域网）的缩写，是国际标准化组织（ISO）标准化的串行通信协议。

1. CAN 总线系统组成

CAN 总线是连接车内各种控制单元的一种传输介质，用于控制单元之间的信息交换。它由电控单元、双绞线和终端电阻构成，如图 3-2-1 所示。电控单元通过收发器并联在总线上，构成了多主机结构。传输介质在原则上用一条导线（CAN-H）就可以满足要求，但该总线系统还配备了第二条导线（CAN-L），因此使用了双绞线。双绞线有效地抑制了外部干扰。为了使信号不在两端反射，在终端加入两个 120 Ω 的电阻。

1）电控单元

CAN 控制器接收来自传感器的信号，将其处理后再控制执行元件工作，同时根据需要将传感器信息通过 CAN 总线发送给其他电控单元，如图 3-2-2 所示。电控单元的主要构件有 CPU、CAN 控制器和 CAN 收发器，另外还有输入/输出存储器和程序存储器。

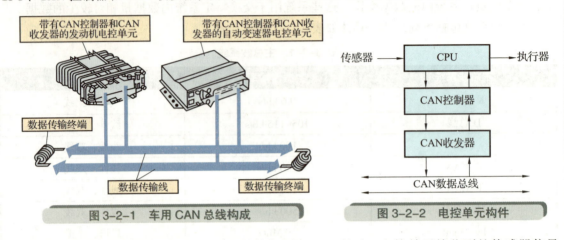

图 3-2-1　车用 CAN 总线构成　　　图 3-2-2　电控单元构件

带有 CAN 收发功能的电控单元内部结构如图 3-2-3 所示。电控单元接收到的传感器信号（如发动机温度或转速）被定期按顺序存入输入存储器。电控单元按存储的程序处理输入值，处理结果存入相应的输出存储器，然后控制各执行元件工作。为了能够处理数据传输总线信息，各电控单元内还有一个数据传输总线存储区，用于容纳接收和发送的信息。由于电控单元通过 CAN 控制器实现网络传输，因此，CAN 网络成为电控单元的信息输入来源，同时也是电控单元的信息输出对象。

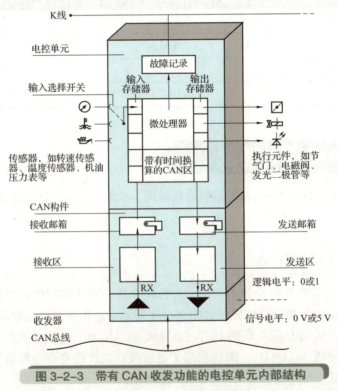

图 3-2-3　带有 CAN 收发功能的电控单元内部结构

2）CAN 控制器

CAN 控制器由一块可编程芯片上的逻辑电路组成，实现通信模型中物理层和数据链路层的功能，并对外提供与电控单元的物理接口。通过对 CAN 控制器编程，可设置其工作方式，控制其工作状态，进行数据发送和接收，以它为基础建立应用层。

目前，CAN 控制器可分为 CAN 独立控制器和 CAN 集成电控单元两种。CAN 独立控制器使用灵活，可与多种类型的单片机、微型计算机的各类标准总线进行接口组合。CAN 集成电控单元在许多特定情况下，使电路设计简化和紧凑，可靠性提高。

3）CAN 收发器

CAN 收发器提供了 CAN 控制器与物理总线之间的接口，是一个发送/接收放大器。其中，发送器将数据传输总线构件连续的比特流（逻辑电平）转换成电压值（线路传输电平），以适合铜导线上的数据传输；接收器将电压信号转换成连续的比特流，以适合 CPU 处理。收发器通过 TX 线（发送导线）或 RX 线（接收导线）与数据传输总线构件相连，如图 3-2-4 所示。RX 线通过一个放大器直接与数据传输总线相连。

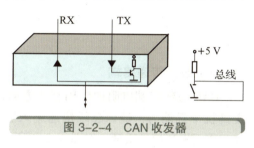

图 3-2-4　CAN 收发器

收发器是 TX 线与总线的耦合，耦合过程通过一个断路式集流电路实现，总线出现两种工作状态，如表 3-2-3 所示。

表 3-2-3　CAN 总线工作状态

状态	晶体管	是否有源	电阻状态	总线电平
1	截止状态（开关未接合）	无源	高	1
0	接通状态（开关接合）	有源	低	0

假设有 3 个收发器耦合在一根总线导线上，如图 3-2-5 所示，开关未接合表示 1（无源）；开关已接合表示 0（有源），则收发器 C 有源，收发器 A 和 B 无源。其工作过程如下：

（1）若某开关已接合，则电阻上有电流流过，总线电压为 0。

（2）若所有开关均未接合，则没有电流流过，电阻上没有电压降，总线电压为 5 V。

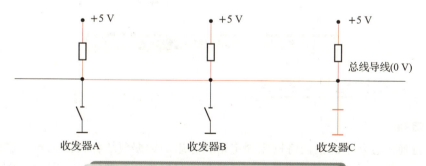

图 3-2-5　某开关闭合时 CAN 总线电压

上述 3 个收发器连接在 CAN 总线上的工作状态如表 3-2-4 所示。

表 3-2-4　3 个收发器连接在 CAN 总线上的工作状态

收发器 A	收发器 B	收发器 C	总线电压
1	1	1	1（5 V）
1	1	0	0（0 V）
1	0	1	0（0 V）
1	0	0	0（0 V）
0	1	1	0（0 V）
0	1	0	0（0 V）
0	0	1	0（0 V）
0	0	0	0（0 V）

我们将无源的总线电平称为隐性，有源的总线电平称为显性。"显性"代表"0"，"隐性"代表"1"。

4）数据传递终端

CAN 总线终端电阻的作用有两方面，一方面提高抗干扰能力，确保总线快速进入隐性状态；另一方面提高信号质量，如图 3-2-6 所示。

5）CAN 总线缠绕方式

数据没有指定接收器，数据通过数据总线发送给各电控单元，各电控单元接收后进行计算。为了防止外界电磁波干扰和向外辐射，CAN 总线采用两条线缠绕在一起的方式，两条线上的电位相反，若一条线的电压为 5 V，则另一条线的电压为 0 V，两条线的电压总和等于常值，如图 3-2-7 所示。通过此办法，CAN 总线免受外界电磁场干扰，同时 CAN 总线的向外辐射也保持中性，即无辐射。

图 3-2-6　CAN 总线的终端电阻

图 3-2-7　CAN 总线缠绕方式

2. CAN 总线传输基本原理

1）数据帧

数据串行通信过程中，我们将按照固定格式分组的数据包统称为消息帧，它是最小的传输单位。每一个消息帧不仅携带着数据，还携带着目标地址、源地址、同步信息等一系列保障传输准确安全的信息。CAN 总线的消息帧分为标准帧和扩展帧，分别用于 CAN2.0A 网络和 CAN2.0B 网络，其格式如图 3-2-8 和图 3-2-9 所示。

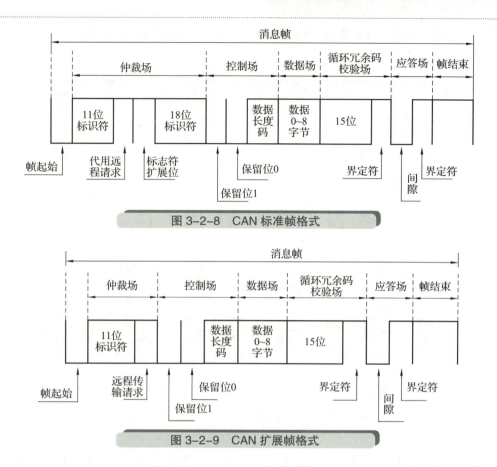

图 3-2-8　CAN 标准帧格式

图 3-2-9　CAN 扩展帧格式

CAN 总线中的消息帧按用途不同可分为五种：数据帧用于发送装置向接收装置传输数据信号；远程帧用于接收装置向发送装置请求发送数据；当接收控制单元向发送控制单元提出不能接收数据时使用过载帧；当接收控制单元发现传输总线上有错误时，会告知其他接收控制单元线路错误，停止接收数据，此时使用的是错误帧；间隔帧用于把每次发送的报文与前面一组报文分开。

2）数据传输

以发动机电子控制系统为例，发动机电子控制系统的曲轴位置传感器检测到转速信号，该信号以固定的周期（循环往复地）到达电控单元的输入存储器（送到发动机）。由于瞬时转速信号还用于其他电控单元，如组合仪表等，所以该信号应通过 CAN 总线传递。于是转速信号被复制到发动机电控单元的发送存储器内，然后从发送存储器进入 CAN 构件的发送邮箱内。若发送邮箱内有一个实时值，则该值由发送特征位（举起的小旗）显示出来，将发送任务委托给 CAN 构件。

当发送邮箱内有一个实时值时，表明发动机准备向外发送信息，CAN 构件通过 RX 线检查总线是否有源（是否正在交换其他信息），必要时会等待，直至总线空闲为止。某一时间段内的总线电平一直为 1（无源），表示总线空闲，如图 3-2-10 所示。

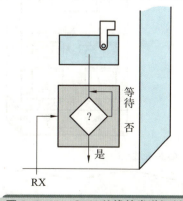

图 3-2-10　CAN 总线的发送机制

若总线空闲，则预先存在发送存储器中的"发动机转速信息"被发送出去，如图 3-2-11 所示。

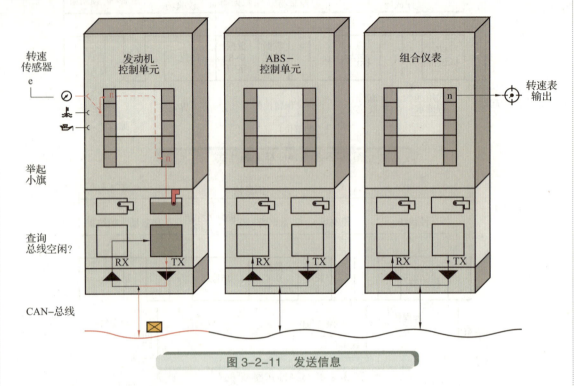

图 3-2-11　发送信息

接收过程分两步：第一步，检查信息是否正确（在监控层）；第二步，检查信息是否可用（在接收层），如图 3-2-12 所示。

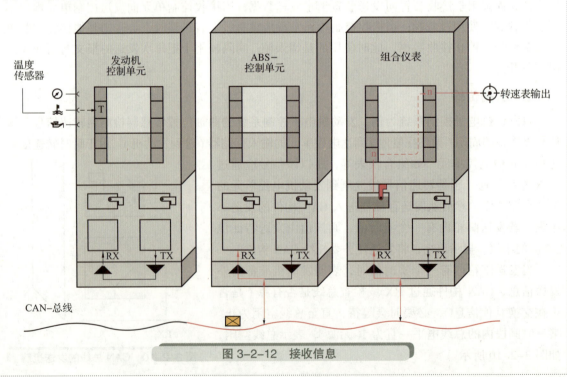

图 3-2-12　接收信息

3）仲裁

CAN 总线上面的某个节点随时都在检测总线上是否有数据在传输，当总线空闲时，节点开始发送信息，其他想要发送的节点需要等待总线空闲再发送。但是假设有几个节点都检测到总线上数据帧的帧结束，并且都等待过了间隔帧，需要发送消息帧时，CAN 总线通过非破坏性按位仲裁的规则来判断谁先发送。具体措施如下：控制单元发送的信息中包含着信息的优先级，在多个控制单元同时发送时，CAN 总线会对包含优先级的标识符进行按位顺序比对，在比对过程中，位于信息前部的数字 0 越多则说明该信息优先级越高，CAN 总线会优先接收或者发送该信息。即谁的标识符小（标识符前部 0 的个数多），谁的优先级就高，优先级高者先发送，具体如图 3-2-13 所示。

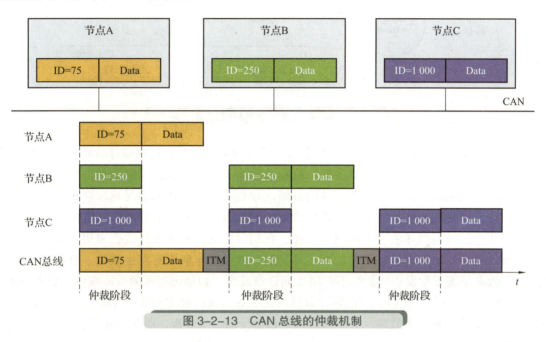

图 3-2-13　CAN 总线的仲裁机制

3. CAN 总线内部故障管理

CAN 系统具有完备的故障管理功能，在保证数据安全性的同时，还能识别可能的信息传递故障。由于广播的特点，任何网络中的控制单元发现一个传递故障，其他所有的控制单元都会收到错误帧并拒收当前信息。由于不断识别出故障，故障计数器开始累计故障次数，在重新发送成功后再递减计数。当计数器数值超过门限值时，CAN 总线会通知故障控制单元并将其关闭。当总线两次出现关闭状态后，故障存储器就会记录一条故障信息，如图 3-2-14 所示。经过一段固定的等待时间后，控制单元会自动再接到总线上并重新发送信息。为保证时效性，一般按规定的循环时间进行信息传递。若出现多条信息未收到的情况，就会启动时间监控功能，控制单元故障存储器也记录一个故障，由此会产生故障信息。

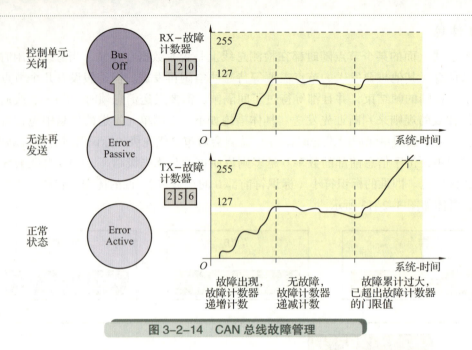

图 3-2-14 CAN 总线故障管理

从图 3-2-14 中我们可以看出，CAN 总线内部的故障判断是通过故障计数器来完成的，具体分为三个阶段：第一阶段，故障出现，故障计数器不断地增加故障的次数；第二阶段，当信息重新发送成功后，故障计数器记录的故障次数会降低。这样的情况是非常正常的，车辆工作的环境异常复杂，某些传感器采集的数据可能会因为环境因素而产生一定的影响，但是并不能说明该传感器损坏或者车辆出现故障，我们只能通过不断发送数据来更正计数器内的故障次数。重新发出数据后，只要能够正常发送，就说明车辆没有发生故障，故障计数器内的故障次数会随着正常发送次数的不断增加而逐渐减少。如果确有车辆故障或者传感器问题，那么进入第三阶段；第三阶段，当故障计数器内记录的错误次数高于某一门限值时（图 3-2-14 中为 255），确定车辆发生故障，并利用总线把信息传输给仪表板，通知驾驶员。

三、车用 LIN 总线

局部连接网络（Local Interconnect Network，LIN）是一种串行通信低速网络，它是由摩托罗拉、大众和沃尔沃等公司联合提出的一种汽车底层网络协议，多用于连接对传输速度要求不高的控制装置，其目的是利用一个价格低廉、性能可靠的低速网络来降低生产成本。在某些工作环境中，例如后视镜调整、车灯控制、座椅调整等，LIN 总线可以完全替换 CAN 总线。它的使用不但可以降低成本，而且可以保证传输线路的畅通。

1. LIN 总线系统组成

LIN 总线系统主要由主控制单元、从控制单元和传输介质构成，具体如图 3-2-15 所示。在系统中存在一个主

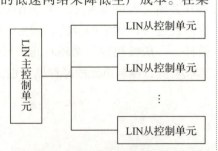

图 3-2-15 LIN 总线构成

控制单元和多个从控制单元，主控制单元通过传输介质把信息发送给从控制单元。

2. LIN 总线传输基本原理

LIN 信息包括两部分：报文头和报文响应。报文头由同步间隔场、同步场和标识符场组成。报文响应由一个数据场和一个校验场构成，如图 3-2-16 所示。

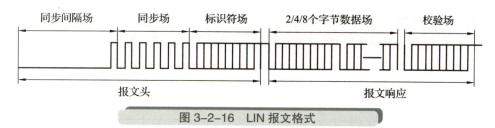

图 3-2-16 LIN 报文格式

当 LIN 数据总线上没有信息发送或者发送的信息是一个隐性电平时，数据导线上的电压就是蓄电池电压（12 V）。为了能够在 LIN 总线上发送显性电平，控制单元内的收发器把数据线路接地，这样能够使得 LIN 总线发送显性电平。LIN 总线上的信号电平如图 3-2-17 所示。

LIN 总线在收发信息时，为了能够保证数据传输的稳定性，通过预先设定的公差值来计算发送数据的电压，发送信号电压必须满足隐性电压高于电源电压的 80%，显性电压小于电源电压的 20%。但是实际为了能够有效地抗干扰，正常接收数据，接收的允许电压值范围要宽一些，隐性电压高于蓄电池电压的 60%，显性电压小于电源电压的 40%，具体电压范围如图 3-2-18 所示。

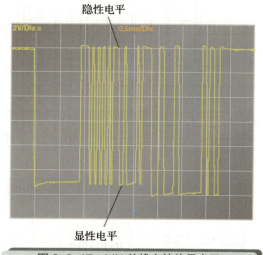

图 3-2-17 LIN 总线上的信号电平

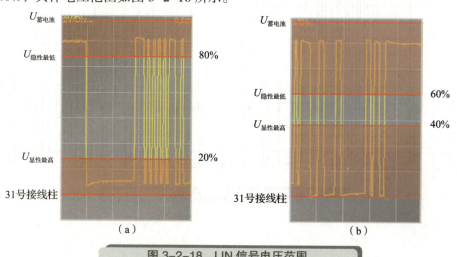

图 3-2-18 LIN 信号电压范围
（a）发送信号电压；（b）接收信号电压

3. LIN 的自诊断

当 LIN 从控制单元数据传递有故障、校验出错或者传递的信息不完整时,通过 LIN 从控制单元的自诊断功能,会将故障记录。从控制单元将故障诊断数据发送至主控制单元,在 LIN 主控制单元上最终完成自我诊断。

四、CAN 总线和 LIN 总线标准波形

我们可以利用示波器来检测 CAN 总线和 LIN 总线的波形,图 3-2-19 和图 3-2-20 所示为某一车型的 CAN 总线波形和 LIN 总线波形,具有很强的代表性。

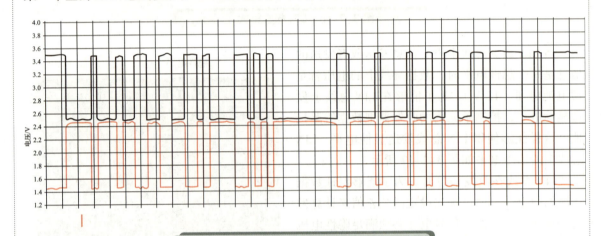

图 3-2-19 CAN 总线波形

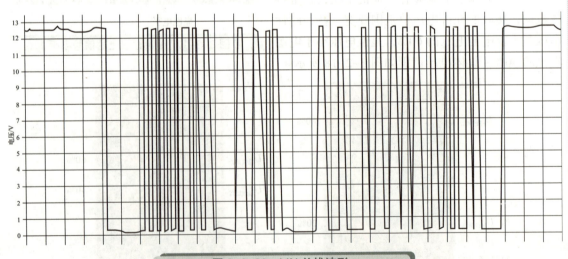

图 3-2-20 LIN 总线波形

课题 3.3 CAN 网络信号的测量

学习任务 3.3.1 高速 CAN 与低速 CAN

学习目标

1. 掌握总线的分类。
2. 掌握高速 CAN 总线和低速 CAN 总线的区别。

一、CAN 总线的分类

常用的 CAN 总线分为单线 CAN、低速 CAN 和高速 CAN。高速 CAN（通信速度最高为 1 Mb/s）可以使用低速 CAN 的波特率（通信速度最高为 125 kb/s），但低速 CAN 使用高速 CAN 的波特率就会出现问题，这个问题是由收发器引起的，因为在电平转换效率方面，低速 CAN 的收发器明显比高速 CAN 的收发器低。它们的位传输时序、位仲裁、错误、校验、帧结构等（即所谓的数据链路层）是没有区别的。

在物理层面上，单线 CAN 与低速 CAN 和高速 CAN 线的区别是单线 CAN 只有一条导线，而低速 CAN 和高速 CAN 通过双绞线传输。低速 CAN 和高速 CAN 的区别如表 3-3-1 所示。

表 3-3-1 低速 CAN 和高速 CAN 的区别

物理层	高速 CAN 总线	低速 CAN 总线
通信速度	最高 1 Mb/s	最高 125 kb/s
总线最大长度	40 m/1 Mb/s	1 km/125 kb/s
连接单元数	最大 30	最大 20
终端电阻	120 Ω	2.20 kΩ

续表

物理层	高速 CAN 总线	低速 CAN 总线
汽车应用场景	发动机、变速箱等实时性、数据传输速度要求高的场合	车身控制系统等对可靠性要求高的场合
可靠性	CAN-H 或 CAN-L 任意一根导线折断，高速 CAN 节点不能收发，低速 CAN 节点可以接收	CAN-H 或 CAN-L 任意一根导线折断，低速 CAN 节点可以接收。可靠性优于高速 CAN

通过以上讲解，我们发现三种 CAN 线最重要的区别在于电平逻辑。这个区别可以从以下几种情况来说明：空闲时、有效时、睡眠时、唤醒时。这里假设收发器的电源为标准的 5 V 和 12 V。

（1）空闲时（即通常说的隐性位）的电平逻辑如图 3-3-1 所示。

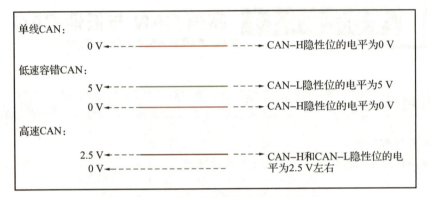

图 3-3-1　三种 CAN 线空闲时的电平逻辑

（2）有效时（即通常说的显性位）的电平逻辑如图 3-3-2 所示。

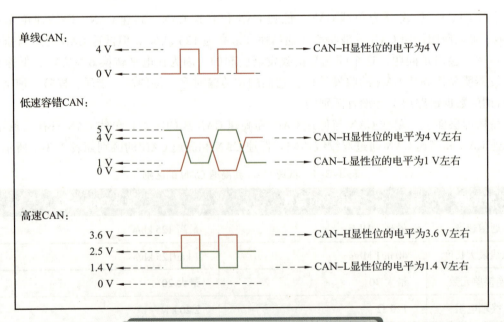

图 3-3-2　三种 CAN 线有效时的电平逻辑

（3）睡眠时的电平逻辑如图 3-3-3 所示。

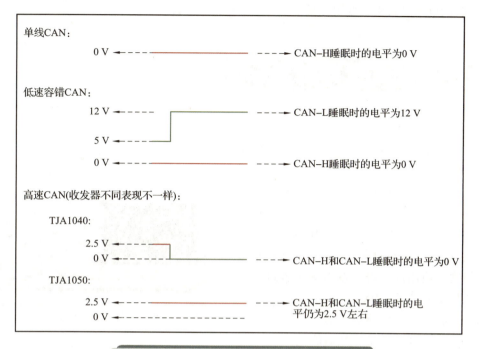

图 3-3-3　三种 CAN 线睡眠时的电平逻辑

（4）唤醒时的电平逻辑如图 3-3-4 所示。

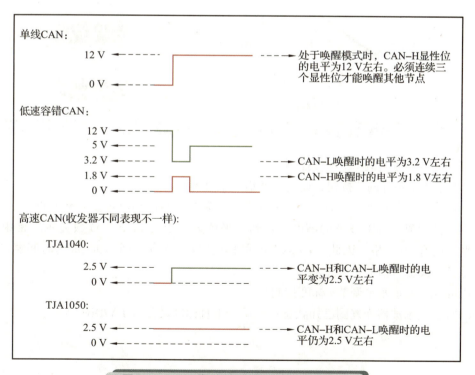

图 3-3-4　三种 CAN 线唤醒时的电平逻辑

无论是哪种 CAN 总线，其经过收发器后与微控制器的接口（TXD 和 RXD 引脚）都是一样的，这时的电平逻辑也会变得一致。

二、CAN 总线的测量

1. 示波器介绍

在汽车的 CAN 信号测量中，我们一般使用的电子仪器为万用表和示波器，下面我们介绍通用性数字示波器的关键按键。典型示波器如图 3-3-5 所示，示波器表笔结构如图 3-3-6 所示，具体按键功能如图 3-3-7~ 图 3-3-10 所示。

探头：探头有不同的衰减系数，它影响信号的垂直刻度，使用前，需要在箭头位置进行选取，开关设置为 1X 和 10X。

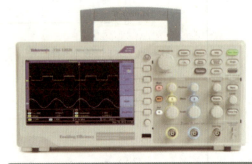

图 3-3-5 典型示波器

Run/Stop：打开和关闭示波器。

Single：采集单个波形，然后停止。

Autoset：自动设置示波器控制状态，以产生适合于输出信号的显示图形，按住超过 1.5 s 时，会显示"自动量程"菜单，并激活或者禁止自动量程功能。

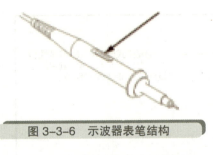

图 3-3-6 示波器表笔结构

图 3-3-7 Run/Stop、Single 按键

Vertical：波形垂直调节 / 标度控制。

黄色为通道 1 垂直调节按钮，蓝色为通道 2 垂直调节按钮。

Position：上下移动波形位置，不影响采集波形数据。将波形放置在屏幕中心。

Scale：控制显示屏上波形的高度。直到水平读数显 10 μs/Div（读数显示屏幕中下方）。由于水平方向有 10 个格，因此，10 μs/Div 的标度因数会得到一个 100 μs 的时间窗口。这一设置显示了方波上升沿的实际形状。

Horizontal：波形水平调节 / 标度控制。

Acquire：把示波器恢复到已知状态，然后把垂直标度设置为 1 V/Div。

项目三 汽车网络技术基础

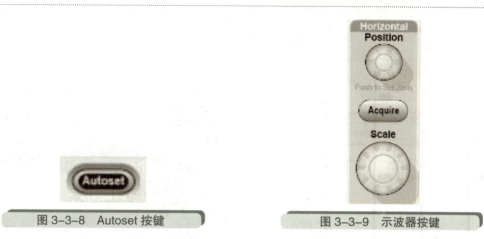

| 图 3-3-8 Autoset 按键 | 图 3-3-9 示波器按键 |

黄色连接器接示波器 1 通道连接线,蓝色连接器接示波器 2 通道连接线。Ext Trig 外部触发信号源的连接输入器。PROBE COMP 为示波器校准连接。

图 3-3-10 示波器按键

2. 一般排故思路

当车辆发生故障时,我们首先想到的就是利用故障诊断仪进行诊断,当出现"通信故障"或者"无通信"时,我们就要把排故的重点放到通信元件及通信线路上。典型通信故障诊断流程如图 3-3-11 所示。

具体维修 CAN 线步骤如下:

在 BMW 车型上,我们可以通过断开控制器或者断开节点的方式,对 CAN 线路依次测量。断开控制器后我们可以找到插件相应的针脚定义,而对于断开节点的方式,需要查找电路图,图 3-3-12 中的 X8090*1V、X8090*2V、X8092*1V、X8092*2V 即为节点。宝马节点电路图及实物图如图 3-3-12 所示。

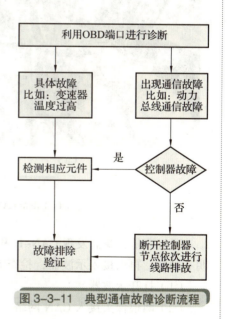

图 3-3-11 典型通信故障诊断流程

121

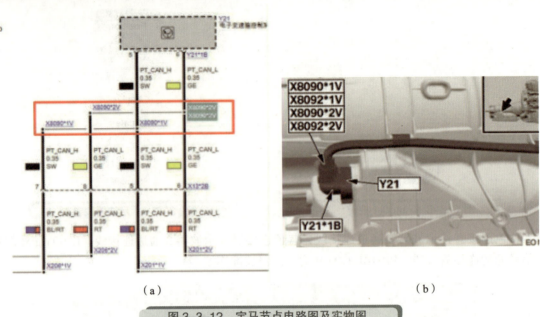

图 3-3-12 宝马节点电路图及实物图

（a）电路图；（b）实物图

找到 CAN-H 和 CAN-L 线后，接入示波器或者万用表检查波形或电压。万用表测量 CAN 线如图 3-3-13 所示。

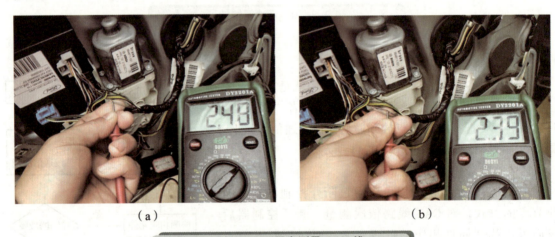

图 3-3-13 万用表测量 CAN 线

（a）测量 CAN-H 对地电压；（b）测量 CAN-L 对地电压

通过测量，我们发现 CAN-H 和 CAN-L 电压相加约等于 5 V，如果检测不是此结果，则说明有问题。再次接入示波器，检查波形，具体接入示波器的方法如下：

（1）打开示波器。

（2）两根探头接入 CAN 网络，按 AUTO 键调整，观察波形。

（3）通过波形找到故障线路及故障类型。

通常 CAN 线路故障为短路、断路和 CAN-H 与 CAN-L 连接。典型故障实物图如图 3-3-14 所示。

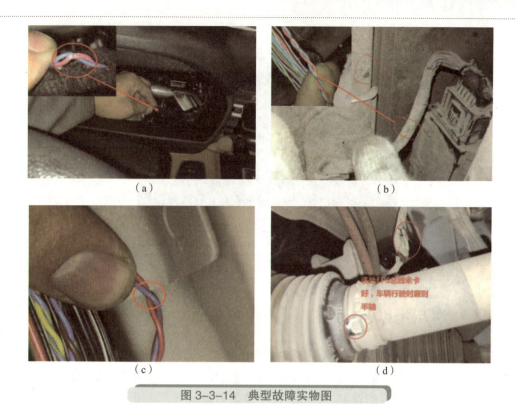

图 3-3-14 典型故障实物图

(a)、(b)、(c) 短路;(d) CAN-H 和 CAN-L 连接

学习任务 3.3.2　高速 CAN 典型故障波形

学习目标

1. 掌握高速 CAN 波形的标准波形。
2. 掌握高速 CAN 波形的典型故障波形。

在汽车的 CAN 数据通信中,动力 CAN 线的数据属于高速 CAN 通信,下面以动力 CAN 线为例来讲解高速 CAN 典型故障波形,对于信号的"翻译",我们需要利用相应的专业软件,这里不做介绍。

一、汽车动力 CAN 线

1. 动力 CAN 线测量时示波器设置

测量动力 CAN 线时示波器界面如图 3-3-15 所示。

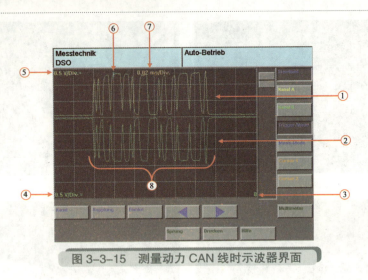

图 3-3-15 测量动力 CAN 线时示波器界面

图 3-3-15 说明如下：

①通道 A 测量 CAN-H。

②通道 B 测量 CAN-L。

③通道 A 和通道 B 的零线坐标置于等高（黄色的零标记被绿色的零标记所遮盖）。

④通道 B 的电压/单位的设定。在 0.5 V/单位值的设定下，这便于电压值的读取。

⑤通道 A 的电压/单位的设定。在 0.5 V/单位值的设定下，这便于电压值的读取。

⑥触发点的设定，它位于被测定信号的范围内。测量 CAN-H 信号时，触发点位于 2.5~3.5 V，测量 CAN-L 信号时，触发点位于 1.5~2.5 V。

⑦时间单位值毫秒/单位的设定。时间单位值为 0.02 ms/单位。

⑧显示为一条通信信息。

2. 动力 CAN 线的电压值

CAN-Bus 的信息传送通过两个逻辑状态 0（显性）和 1（隐性）来实现。每一个逻辑状态都有相应的电压值。控制单元应用其电压差值获得数据，具体电压计算方法如图 3-3-16 所示。

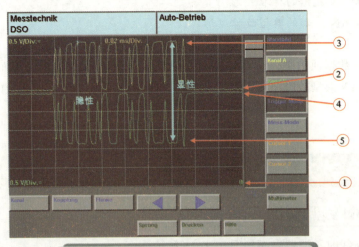

图 3-3-16 动力 CAN 线电压计算方法

图 3-3-16 说明如下:
① 通道 A 和通道 B 的零线。通道 B 的绿色零标记遮盖了通道 A 的黄色零标记。
② CAN-H 的隐性电压大约为 2.6 V(逻辑值 1)。
③ CAN-H 的显性电压大约为 3.8 V(逻辑值 0)。
④ CAN-L 的隐性电压大约为 2.4 V(逻辑值 1)。
⑤ CAN-L 的显性电压大约为 1.2 V(逻辑值 0)。
动力 CAN 线的电压如表 3-3-2 所示。

表 3-3-2 动力 CAN 线的电压

电压	CAN-H 对地	CAN-L 对地	电压差
显性	3.8 V (3.5 V)	1.2 V (1.5 V)	2.6 V (2 V)
隐性	2.6 V (2.5 V)	2.4 V (2.5 V)	0.2 V (0 V)

我们利用两条线的电压差确认数据。当 CAN-H 的电压值上升时,相应 CAN-L 的电压值下降。如图 3-3-16 所示,CAN-Bus 只能有两种工作状态。在隐性电压时,两个电压值很接近;在显性电压时,两个电压差值约为 2.5 V。电压值大约有 100 mV 的小波动。

二、动力 CAN 线的典型故障波形

1. CAN-H 与 CAN-L 短路

波形特点:电压置于隐性电压值(大约为 2.5 V)。动力 CAN-H 与 CAN-L 短路波形及故障点位置如图 3-3-17 所示。

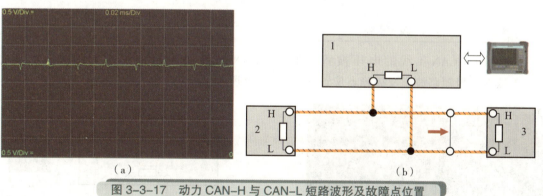

图 3-3-17 动力 CAN-H 与 CAN-L 短路波形及故障点位置
(a)短路波形;(b)故障点位置

2. CAN-H 对正极短路

波形特点:CAN-H 线的电压被置于 12 V,CAN-L 线的电压被置于大约 12 V。动力 CAN-H 对正极短路波形及故障点位置如图 3-3-18 所示。

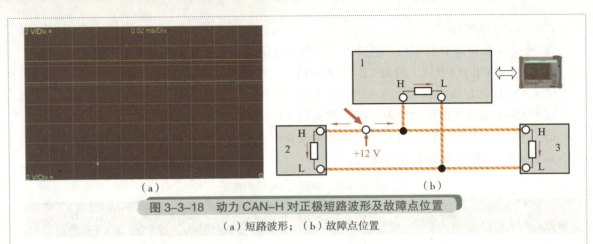

图 3-3-18　动力 CAN-H 对正极短路波形及故障点位置
（a）短路波形；（b）故障点位置

3. CAN-H 对地短路

波形特点：CAN-H 的电压大约为 0 V，CAN-L 的电压大约为 0 V。但是在 CAN-L 线上还能够看到一小部分的电压变化。动力 CAN-H 对地短路波形及故障点位置如图 3-3-19 所示。

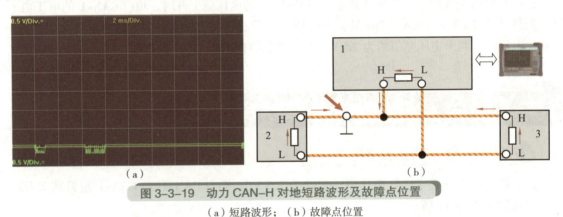

图 3-3-19　动力 CAN-H 对地短路波形及故障点位置
（a）短路波形；（b）故障点位置

4. CAN-L 对正极短路

波形特点：CAN-L 线的电压被置于 12 V，CAN-H 线的电压被置于大约 12 V。动力 CAN-L 线对正极短路波形及故障点位置如图 3-3-20 所示。

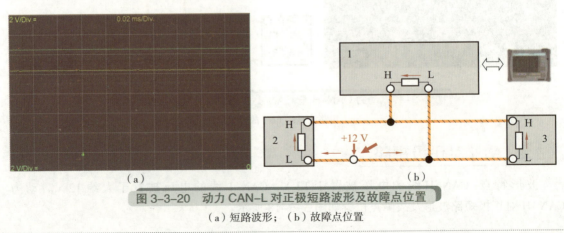

图 3-3-20　动力 CAN-L 对正极短路波形及故障点位置
（a）短路波形；（b）故障点位置

5. CAN-L 对地短路

波形特点：CAN-L 的电压大约为 0 V，CAN-H 线的隐性电压也被降至 0 V。在 CAN-H 上能看到电压变化。动力 CAN-L 对地短路波形及故障点位置如图 3-3-21 所示。

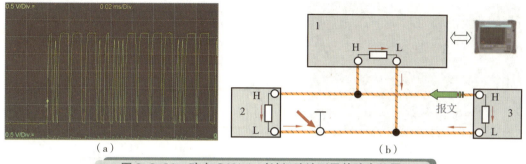

图 3-3-21　动力 CAN-L 对地短路波形及故障点位置
（a）短路波形；（b）故障点位置

6. CAN-H 断路

波形特点：CAN-H 波形与 CAN-L 有重叠现象。动力 CAN-H 断路波形及故障点位置如图 3-3-22 所示。

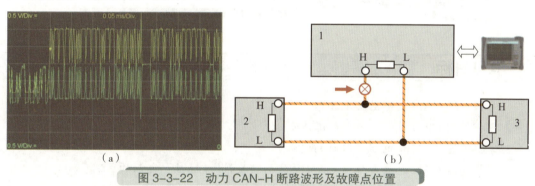

图 3-3-22　动力 CAN-H 断路波形及故障点位置
（a）断路波形；（b）故障点位置

7. CAN-L 断路

波形特点：CAN-L 波形与 CAN-H 有重叠现象。动力 CAN-L 断路波形及故障点位置如图 3-3-23 所示。

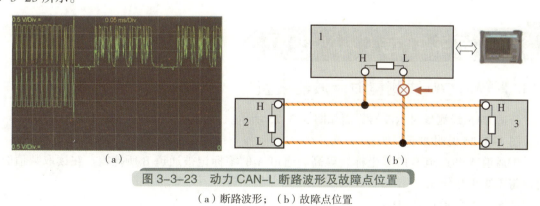

图 3-3-23　动力 CAN-L 断路波形及故障点位置
（a）断路波形；（b）故障点位置

8. CAN-H 和 CAN-L 错误连接

波形特点：CAN-H 和 CAN-L 信号反置。动力 CAN-H 与 CAN-L 连接错误波形及故障点位置如图 3-3-24 所示。

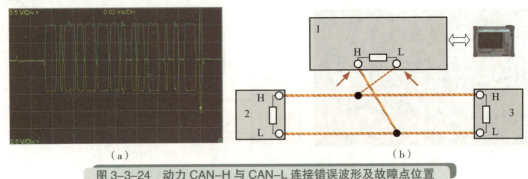

图 3-3-24　动力 CAN-H 与 CAN-L 连接错误波形及故障点位置
（a）连接错误波形；（b）故障点位置

学习任务 3.3.3　低速 CAN 典型故障波形

学习目标

1. 掌握低速 CAN 波形的标准波形。
2. 掌握低速 CAN 波形的典型故障波形。
3. 掌握低速 CAN 带电阻短路时的波形。
4. 掌握高速 CAN 总线和低速 CAN 总线的"显性""隐性"电压的区别。

在汽车的 CAN 数据通信中，舒适 CAN 线的数据属于低速 CAN 通信，下面以舒适 CAN 线为例来讲解低速 CAN 典型故障波形，对于信号的"翻译"，我们需要利用专业的 CAN 卡，这里不做介绍。

一、汽车舒适 CAN 线

1. 舒适 CAN 线测量时示波器设置

舒适 CAN 线测量时示波器界面如图 3-3-25 所示。
图 3-3-25 说明如下：
①通道 A 和通道 B 的零坐标线等高。通道 A 的零标记被通道 B 所掩盖。在读取数值时，可以将零线相互分开。
②通道 A 显示 CAN-H。

③通道 A 电压/单位的设定。2 V/Div 单位值的选取，有助于电压值的读取。
④通道 B 显示 CAN-L。
⑤通道 B 电压单位值的设定应与通道 A 相符，这便于电压的比较分析。
⑥时间单位值毫秒/单位的设定。时间单位值为 0.02 ms/单位。

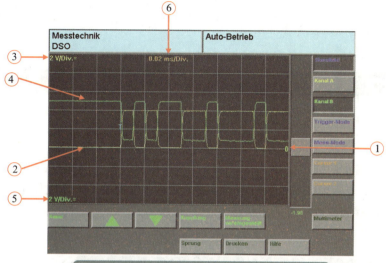

图 3-3-25　舒适 CAN 线测量时示波器界面

2. 舒适 CAN 线的电压值

舒适 CAN 线与动力 CAN 线电压显示不同。在舒适 CAN 中，CAN-L 线隐性电位高于 CAN-H 线，CAN-H 线的显性电位高于 CAN-L 线。为了读取数值建议将两条零线分开。舒适 CAN 线电压计算方法如图 3-3-26 所示。

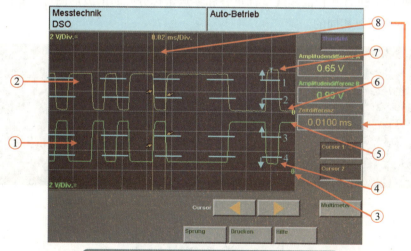

图 3-3-26　舒适 CAN 线电压计算方法

图 3-3-26 说明如下：
①通道 B 的 CAN-L 显示。
②通道 A 的 CAN-H 显示。
③通道 B 的零线。

④ CAN-L 的显性电压向下没有达到零线坐标。
⑤ CAN-L 的隐性电压。在总线不工作的状态下，5 V 的隐性电压切换到 0 V。
⑥ 通道 A 的零线坐标和 CAN-H 的隐性电压。
⑦ CAN-H 的显性电压。
⑧ 时间间隔。

舒适 CAN 线的电位如表 3-3-3 所示。

表 3-3-3　舒适 CAN 线的电压

电压	CAN-H 对地	CAN-L 对地	电压差
显性	4 V（＞3.6 V 蓝色线 1）	1 V（＜1.4 V 蓝色线 4）	3 V
隐性	0 V（＜1.4 V 蓝色线 2）	5 V（＞3.6 V 蓝色线 3）	-5 V

电压必须达到最小的规定区域，屏幕上用蓝线给出界限值，例如 CAN-H 的显性电压至少要达到 3.6 V。如果未达到区域要求范围，控制单元将不能准确地判定电压是逻辑值 0 还是 1，这将导致出现故障存储或者单线工作状态。

二、舒适CAN线的典型故障分析

1. CAN-H 与 CAN-L 短路

波形特点：CAN-H 和 CAN-L 的电压相同。CAN-H 与 CAN-L 之间短路导致 CAN 线单线工作，这意味着通信仅为一条线路的电压起作用，这里体现了低速 CAN 的可靠性。如图 3-3-27 所示，从通道 A 和通道 B 的零线坐标重叠和零点坐标分开时的波形图可以看出，CAN-L 线和 CAN-H 线的电压是相同的。

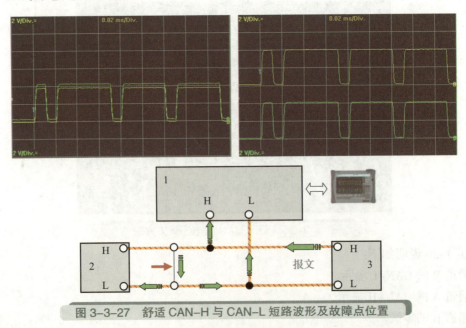

图 3-3-27　舒适 CAN-H 与 CAN-L 短路波形及故障点位置

2. CAN-H 对地短路

波形特点：CAN-H 的电压置于 0 V，CAN-L 的电压正常，如图 3-3-28 所示。在该故障情况下，舒适 CAN 总线变为单线工作。

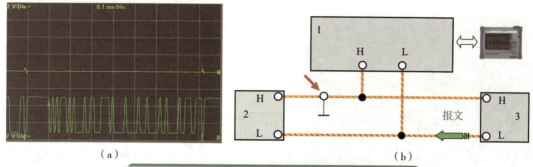

图 3-3-28　舒适 CAN-H 对地短路波形及故障点位置
（a）短路波形；（b）故障点位置

3. CAN-H 对正极短路

波形特点：CAN-H 线的电压大约为 12 V 或者蓄电池电压，CAN-L 线的电压正常，如图 3-3-29 所示。在该故障情况下，舒适 CAN 总线变为单线工作。

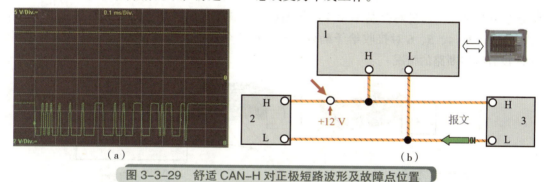

图 3-3-29　舒适 CAN-H 对正极短路波形及故障点位置
（a）短路波形；（b）故障点位置

4. CAN-L 对地短路

波形特点：CAN-L 的电压置于 0 V，CAN-H 的电压正常，如图 3-3-30 所示。在该故障情况下，CAN 总线变为单线工作。

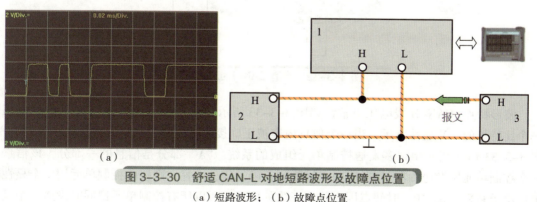

图 3-3-30　舒适 CAN-L 对地短路波形及故障点位置
（a）短路波形；（b）故障点位置

5. CAN-L 对正极短路

波形特点：CAN-L 线的电压大约为 12 V 或者蓄电池电压，CAN-H 线的电压正常，如图 3-3-31 所示。在该故障情况下，CAN 总线变为单线工作。

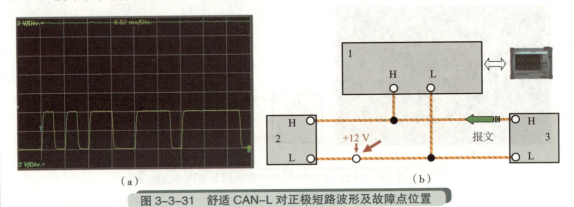

图 3-3-31　舒适 CAN-L 对正极短路波形及故障点位置
(a) 短路波形；(b) 故障点位置

6. CAN-L 断路

如图 3-3-32 所示，控制单元 1 发送一条信息，因为线路断路，所以控制单元 2、3、4、5、6 仅能够单线接收，通过对控制单元 4 连接测量，示波器显示控制单元 1 的发送为单线工作。控制单元 2、3、4、5、6 对接收给予确认答复，在两个通道上都有显示，这说明这些控制单元之间没有线路断路的情况。

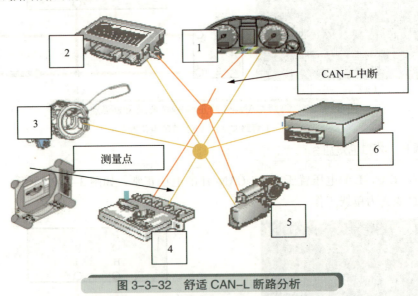

图 3-3-32　舒适 CAN-L 断路分析

波形特点：CAN-H 线电压正常，如图 3-3-33 所示。在 CAN-L 线上为 5 V 的隐性电压和一个比特长的 1 V 显性电压。当一个信息内容被正确接收时，则控制单元发送这个显性电压。图 3-3-33（a）所示由很多发送控制单元组成的系统。"A" 部分是信息的一部分，该信息被一个控制单元所发送。在 "B" 时间点接收到正确的信息内容，则接收控制单元用一个显性的电压给予答复。在 "B" 时间点因为收到正确的信息，所以所有控制单元都同时发送一个显性的电压,该比特的电压差要大一些。舒适 CAN-L 断路波形及故障点位置如图 3-3-33 所示。

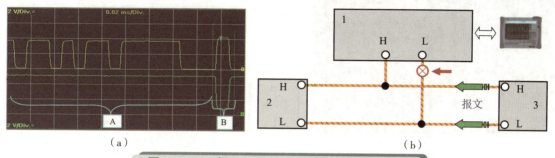

图 3-3-33　舒适 CAN-L 断路波形及故障点位置
（a）断路波形；（b）故障点位置

下面,我们来分析下面的波形,我们发现信息 1、2、4 在 CAN-H 上被发送,在 "A" "B" 和 "D" 时间点回复。信息 3 在 CAN-H 和 CAN-L 上双线发送,我们可以判断发送信息 1、2、4 的控制单元处在单线工作模式（断路）,信息 3 的控制单元处在双线工作模式。单线工作模式和双线工作模式的波形如图 3-3-34 所示。

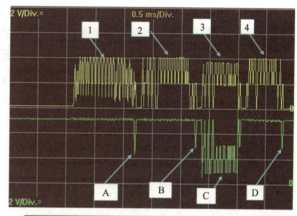

图 3-3-34　单线工作模式和双线工作模式的波形

7. CAN-H 断路

波形特点：CAN-L 线电压正常。在 CAN-H 线上为 5 V 的隐性电压和一个比特长的 1 V 显性电压。当一个信息内容被正确接收时,则控制单元发送这个显性电压。舒适 CAN-H 断路波形及故障点位置如图 3-3-35 所示。

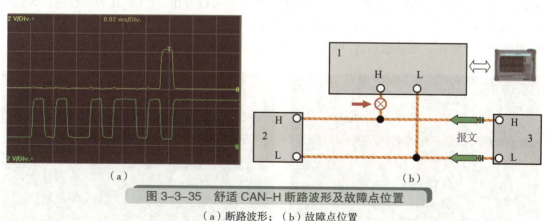

图 3-3-35　舒适 CAN-H 断路波形及故障点位置
（a）断路波形；（b）故障点位置

8. CAN-H 和 CAN-L 错误连接

波形特点：CAN-H 和 CAN-L 波形反置,如图 3-3-36 所示。

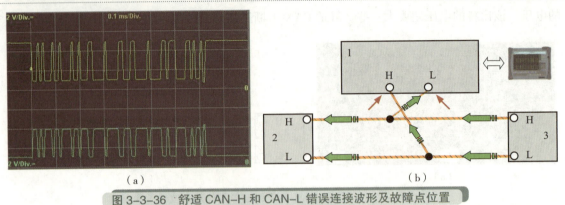

图 3-3-36 舒适 CAN-H 和 CAN-L 错误连接波形及故障点位置

(a) 错误连接波形; (b) 故障点位置

三、舒适 CAN 线带电阻短路时的故障波形

前面讲解的短路都是没有电阻连接的直接线路短路。在实际中经常出现由破损的线束导致的短路。破损的线束靠近接地或者正极,经常还带有潮气,将使该处产生连接电阻。

1. CAN-H 通过电阻对正极短路

波形特点:CAN-H 线的隐性电位拉向高电位。在示波器上我们可以看出,CAN-H 隐性电压大约为 1.8 V,正常大约为 0 V。该 1.8 V 电压是由连接电阻引起的。电阻越小,则隐性电压越大。在没有连接电阻的情况下,该电压值趋于蓄电池电压。具体波形如图 3-3-37 所示。

2. CAN-H 通过电阻对地短路

CAN-H 的显性电位移向接地方向。在示波器上我们可以看出,CAN-H 的显性电压大约为 1 V,正常的大约为 4 V。1 V 的电压受连接电阻的影响,电阻越小,显性电压越小。在没有连接电阻的情况下短路,则该电压为 0 V。具体波形如图 3-3-38 所示。

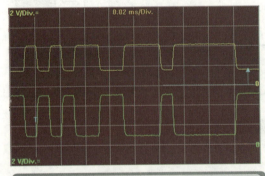

图 3-3-37 舒适 CAN-H 通过电阻对正极短路波形

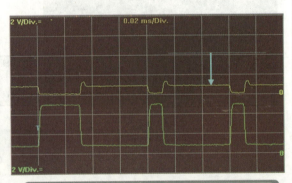

图 3-3-38 舒适 CAN-H 通过电阻对地短路波形

3. CAN-L 通过电阻对正极短路

CAN-L 线的隐性电压拉向正极方向。在示波器上我们可以看出，CAN-L 隐性电压大约为 13 V，正常大约为 5 V。该 13 V 电压是由连接电阻引起的。电阻越小，隐性电压越大。在没有连接电阻的情况下，该电压值趋于蓄电池电压。具体波形如图 3-3-39 所示。

4. CAN-L 通过电阻对地短路

CAN-L 线的隐性电压拉向 0 V 方向。在示波器上我们可以看出，CAN-L 的隐性电压大约为 3 V，正常大约为 5 V。该 3 V 电压是由连接电阻引起的。电阻越小，隐性电压越小。在没有连接电阻的情况下，该电压值趋于 0 V。具体波形如图 3-3-40 所示。

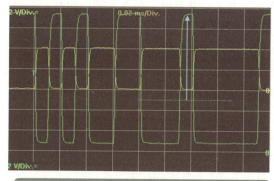

图 3-3-39 舒适 CAN-L 通过电阻对正极短路波形

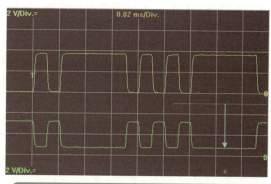

图 3-3-40 舒适 CAN-L 通过电阻对地短路波形

5. CAN-H 与 CAN-L 之间通过连接电阻短路

在短路的情况下，CAN-H 与 CAN-L 的波形正常，但是隐性电压相互靠近。CAN-H 的隐性电压大约为 1 V，正常值为 0 V；CAN-L 的电压大约为 4 V，正常值为 5 V。CAN-H 与 CAN-L 的显性电压正常。具体波形如图 3-3-41 所示。

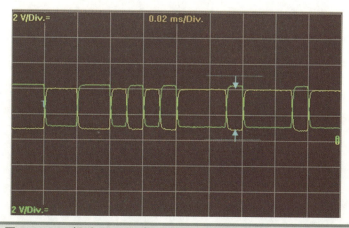

图 3-3-41 舒适 CAN-H 与 CAN-L 之间通过连接电阻短路波形

参考文献

[1] 麻友良. 教你检测汽车传感器 [M]. 北京：机械工业出版社，2012.
[2] 李伟. 新型汽车传感器、执行器原理与故障检测 [M]. 北京：机械工业出版社，2012.
[3] 孟范辉. 汽车车身电气设备检修 [M]. 北京：北京理工大学出版社，2015.
[4] 陈吕洲. Arduino程序升级基础（第2版）[M]. 北京：北京航空航天大学出版社，2015.
[5] 邹长庚. 现代汽车电子控制系统构造原理与故障诊断 [M]. 北京：北京理工大学，2009.

目 录

项目一　汽车电子控制技术基础……………………………………………………… 1

　课题 1.1　汽车电子控制技术概述工单 …………………………………………… 1

　课题 1.2　汽车网络技术概述工单 ………………………………………………… 2

　课题 1.3　汽车单片机概述工单 …………………………………………………… 3

项目二　单片机基础…………………………………………………………………… 4

　学习任务 2.1.1　认识 Arduino 工单 ……………………………………………… 4

　学习任务 2.1.2　Arduino 的初次使用工单 ……………………………………… 5

　学习任务 2.2.1　汽车双闪模型的制作工单 ……………………………………… 6

　学习任务 2.2.2　汽车流水灯模型的制作工单 …………………………………… 11

　学习任务 2.2.3　汽车简易呼吸灯模型的制作工单 ……………………………… 16

　学习任务 2.3.1　汽车安全带警报模型的制作工单 ……………………………… 21

　学习任务 2.3.2　汽车喇叭模型的制作工单 ……………………………………… 26

　学习任务 2.4.1　一位八段数码管的控制编程工单 ……………………………… 31

　学习任务 2.4.2　四位八段数码管的控制编程工单 ……………………………… 36

　学习任务 2.5.1　振动传感器的控制编程工单 …………………………………… 41

　学习任务 2.5.2　光照传感器的控制编程工单 …………………………………… 46

　学习任务 2.5.3　温度传感器的控制编程工单 …………………………………… 51

　学习任务 2.5.4　超声波传感器的控制编程工单 ………………………………… 56

　学习任务 2.6.1　模拟汽车喷油系统控制工单 …………………………………… 61

　学习任务 2.6.2　模拟汽车点火系统控制工单 …………………………………… 66

项目三　汽车网络技术基础……………………………………………………… 71
　课题 3.1　网络的基本概念工单………………………………………………… 71
　课题 3.2　CAN 网络和 LIN 网络工单…………………………………………… 72
　　学习任务 3.3.1　高速 CAN 与低速 CAN 工单………………………………… 73
　　学习任务 3.3.2　高速 CAN 典型故障波形工单………………………………… 74
　　学习任务 3.3.3　低速 CAN 典型故障波形工单………………………………… 75

项目一　汽车电子控制技术基础

课题 1.1　汽车电子控制技术概述工单

项目一　汽车电子控制技术基础	课题 1.1　汽车电子控制技术概述	
	姓名：	班级：

1. 看图 1 填空：

现代汽车制造过程中开始广泛应用以_____为基础的线控技术。驾驶员的操作意图通过人机接口传递给_____，由_____操作功能装置来完成；功能装置的工作状态通过_____传递给人机接口，从而告知驾驶员。以往这样的传递过程需要通过气动、_____、_____、_____等传输介质来完成，而线控技术的产生改变了这一切，传递过程只需要简单的_____信号就可以完成，如下图所示。这样的传递方式大大降低了车辆制造成本，同时提高了车辆的安全系数。车载网络的应用不仅仅是为了解决技术难题，更多的是_____技术的发展趋势所致，汽车电子的网络信息化已经成为现代汽车技术的发展方向。

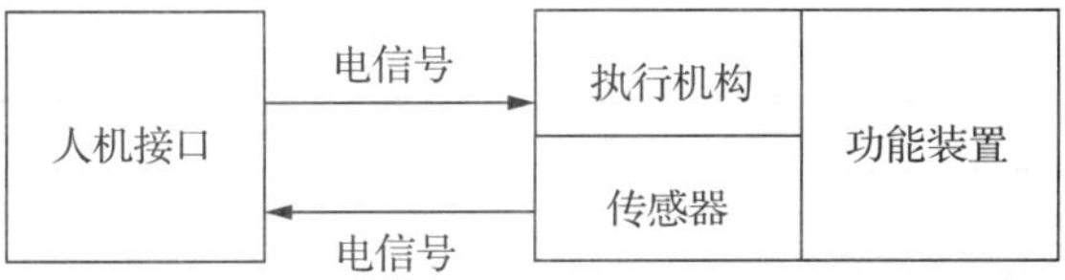

图1

2. 汽车单独控制系统的缺点是什么？
_____
_____
_____

3. 现代汽车微机控制系统，既独立地执行相应的控制功能，相互间又必须在极短时间内交换大量的信息资料，现在试着写出六类汽车微机控制系统。
_____
_____
_____
_____

4. 在现代汽车微机系统中，发动机控制系统包括哪几部分？请在下面的横线部分写出来。
_____
_____
_____
_____

成绩：	日期：

课题1.2 汽车网络技术概述工单

项目一 汽车电子控制技术基础	课题1.2 汽车网络技术概述
	姓名：　　　　　　　班级：

1. 为了简化线路，提高信息传输的速度和可靠性，降低故障率，车载网络技术应运而生，如_____、局部连接网络（LIN）和_____等。一辆汽车不管有多少个电控单元，每个电控单元都只需引出_____条线共同接在_____个节点上，这_____条导线就称为数据总线，也称为_____。采用车载网络可_____、降低成本、_____，同一款车在同等配置下，可以大大简化_____；可以进行设备之间的通信，增加功能；通过信息共享，减少传感器信号的重复数量。如图1所示，图（a）与图（b）分别为_____与_____。

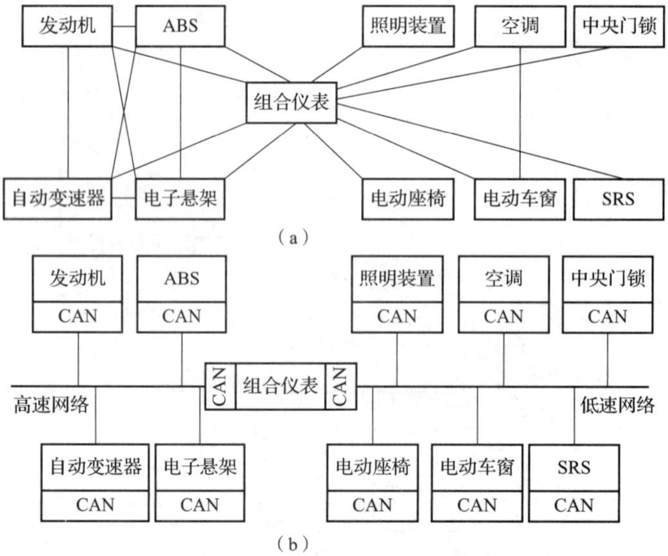

图1

2. 随着科学技术的进步，车载网络发展速度惊人，美国机动车工程师学会（SAE）按照_____、动作响应速度和_____等因素将汽车数据传输网络划分为_____类，分别为_____类型网络，其中低速网络为_____，常被用于_____方面；中速网络为_____，常被用于_____方面；高速网络为_____，常被用于_____方面。

3. 汽车上各种传感器、执行器和控制单元之间通过_____连接，这些_____将需要通信的各种电子元件连接起来从而形成了汽车网络。其中各种传感器、执行器和控制单元叫作_____，而各种不同类型的传输介质就是_____。因为采用的网络标准类型不同，所以组建的车载网络也不同，常见的有_____和_____。

4. 简述分开式车载网络与分级式车载网络的不同。
_____
_____

	成绩：	日期：

课题 1.3　汽车单片机概述工单

项目一　汽车电子控制技术基础	课题 1.3　汽车单片机概述	
	姓名：	班级：

　　1. 单片机是一种_____，是采用超大规模集成电路技术把具有数据处理能力的_____、随机存储器 RAM、_____、_____和中断系统、_____等功能（可能还包括显示驱动电路、脉宽调制电路、模拟多路转换器、A/D 转换器等电路）集成到一块硅片上构成的一个小而完善的_____系统，在工业控制领域广泛应用。

　　2. 单片机的发展历史并不长，但其发展速度很快，目前已普及各行各业，并且正朝着多系列、多型号方向发展。从它的发展历程上看，单片机的发展大体经历了四个阶段，分别为_____、低性能单片机阶段、_____以及_____。

　　3. 写出至少三种你所知道的单片机型号。
_____
_____

　　4. 单片机在汽车中有广泛的应用，如在_____、排放控制、_____、变速控制、防滑控制、安全气囊控制、门锁控制、_____、座椅控制、_____、空调控制、前照灯控制中都有应用。随着国家大力发展电动汽车技术、智能驾驶技术、网联技术、5G 通信技术，单片机的应用前景会更加广泛。

　　5. 写出图 1 中单片机的名称及特点。

图1

名称：_____

特点：_____
_____
_____
_____
_____

	成绩：	日期：

项目二　单片机基础

学习任务 2.1.1　认识 Arduino 工单

项目二　单片机基础 　　课题 2.1　初识 Arduino	学习任务 2.1.1　认识 Arduino	
	姓名：	班级：

1. 请在图 1 中标出 Arduino UNO 对应部件的名称。

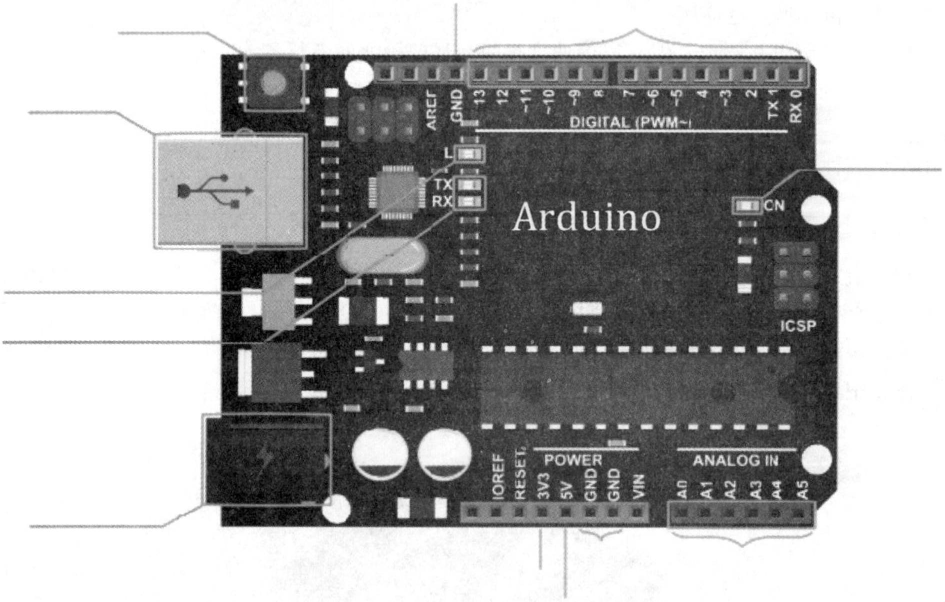

图1

2. 分别写出图中部件的作用。

_____
_____
_____
_____
_____
_____
_____
_____

	成绩：	日期：

学习任务 2.1.2　Arduino 的初次使用工单

项目二　单片机基础 课题 2.1　初识 Arduino	学习任务 2.1.2　Arduino 的初次使用	
	姓名：	班级：

1. 请在图 1 相应的方框中写出对应图标的名称。
2. 请问在图 2 中，红色部分表示什么意思？

_____

_____

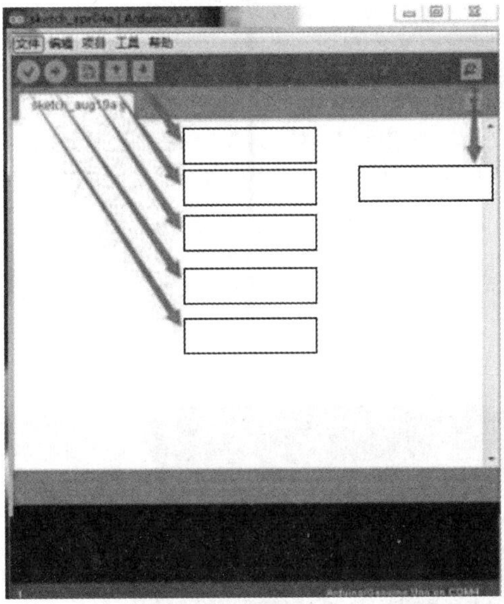

　　　　　　　图 1 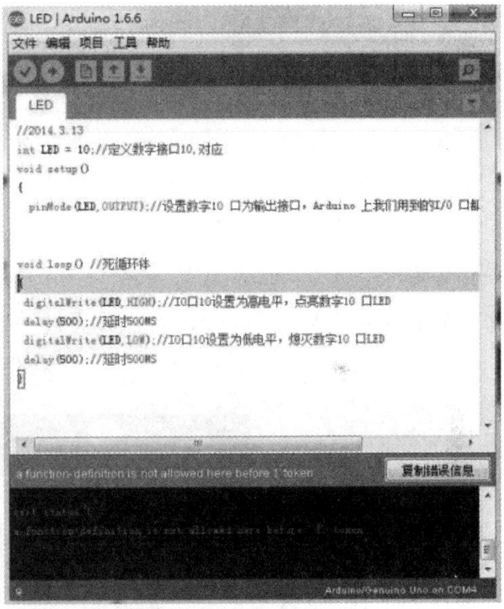　　　　　　　　　　　　　　图 2

3. 小组讨论总结一下安装硬件驱动的步骤，并写下来。

_____

_____

_____

_____

_____

_____

	成绩：	日期：

学习任务 2.2.1　汽车双闪模型的制作工单

项目二　单片机基础 课题 2.2　汽车 LED 的控制编程	学习任务 2.2.1　汽车双闪模型的制作
	姓名：　　　　　　班级：

一、明确任务

利用单片机、LED、电阻等元器件组装一套汽车双闪模型。书写程序并上传，使其实现如下功能：S.O.S 求救信号。

S.O.S 求救信号是国际莫尔斯码求救信号。莫尔斯码是一种字符编码，英文的每个字母都是由横杠和点不同的组合而成。这样便可以使用简单的两种状态来传递所有的字母和数字，非常简便！而我们正是利用 LED 开关的两种状态来拼出一个个字母的。通过 LED 长闪烁和短闪烁来表示点和横杠。在这个项目中，我们只需拼写 S.O.S 这三个字母。通过查阅莫尔斯码表，我们可以知道，字母"S"用三个点表示，我们这里用短闪烁替代，字母"O"则用三个横杠表示，用长闪烁替代。

在这里我们假定点与点之间的间隔，横杠与横杠之间的间隔都是 t 的时间，字母之间的间隔时间是 $3\,t$，而单词与单词之间的间隔为 $7\,t$。

二、任务分析

1. 请在图 1 中标出 Arduino UNO 对应部件的名称。

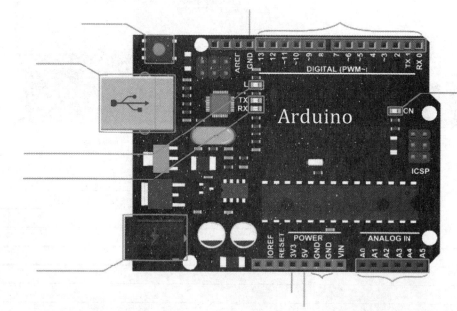

图 1

2. 请在图 2 中标出编程界面对应按钮的名称。
3. 请在图 3 中标出相应结构的名称。

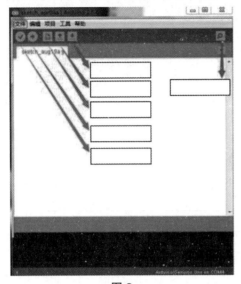

图 2

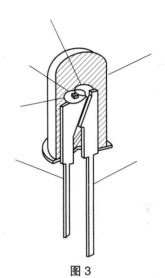

图 3

4. 根据以下要求写出相应的关键程序语句。
（1）试着改变 LED 灯的亮灭时间，请把关键语句写到下方。
_____
_____

（2）如果让 LED 灯一直亮着，程序如何调整？请把关键语句写到下方。
_____
_____

5. setup( ) 和 loop( )。
　Arduino 语言是以_____开头，loop( ) 作为主体的一个程序构架。Arduino 程序必须包含 setup( ) 和 loop( ) 两个函数，否则不能正常工作。
　setup( ) 是用来_____，此函数只运行一次。loop( ) 函数是一个_____函数，只要不断电，函数内的语句就会一直循环执行下去。

三、任务计划

1. 请根据任务，确定作业所需相应材料。

所需材料		
物品名称	数量	物品使用的相关说明及注意事项

2. 请根据任务，确定作业操作步骤。

操作步骤		
序号	作业项目	注意事项
计划审核	审核意见：_____ _____。 _____年__月__日　签字：_____	

3. 请根据作业计划，完成小组成员任务分工。

人员安排			
操作人		记录员	
监护人		展示员	

四、计划实施

1. 请在图4上完成硬件连接。

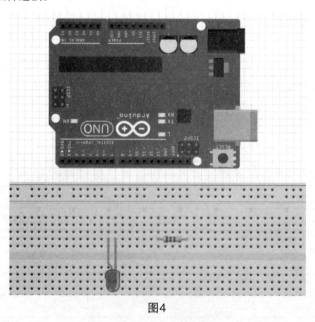

图4

2. 书写程序并上传，使其实现如下功能：S.O.S 求救信号。
```
void loop(){
    /* 程序段其余部分写在下面 */
```

五、质量检查

请实训指导教师检查作业结果，并针对实训过程出现的问题提出改进措施及建议。

评分项目			配分	详细规则	自评得分	小组评价	教师评价
素养（30分）	纪律情况	出勤及执行教师命令情况		此为否定项，违规酌情扣 10~100 分			
	5S（10分）	整理	2分	对不用的设备、仪器以及耗材进行处理			
		整顿	2分	对需要的设备、仪器以及耗材依规定定位、定量摆放整齐，明确标识			
		清扫	2分	对杂物进行处理			
		清洁	4分	将上面 3S 的实施制度化、规范化，并维持效果，场地设备整洁干净			
		素养		操作安全规范，此为否定项，违规酌情扣 10~100 分			
	综合能力（20分）	阅读与表达能力	5分	5分钟内正确描述任务名称及要求得5分；超时或表达不完整得3分；其余不得分			
		逻辑推理能力	5分	能够根据任务进行逻辑推理且合情合理得5分；不符合要求不得分			
		协作能力	5分	有明确的任务分工，并且能够有计划地完成自己的任务得5分；不符合要求不得分			
		创新能力	5分	新渠道正确查阅相关咨询信息；利用新技术、新方法；优化基本检查顺序等，视情况得 1~5 分			

续表

评分项目			配分	详细规则	自评得分	小组评价	教师评价
核心技术（50分）	方案实施（50分）	确定步骤	10分	实施步骤合理,有明确的任务分工与具体的方案,完成得10分,否则酌情扣分			
		准备工作	10分	操作平台整洁干净,能够熟练使用器材工具,完成得10分,否则酌情扣分			
		实施操作	30分	正确使用所选择的器材工具与设备,操作过程有条不紊,能完成小组任务分工;严格遵循安全操作规范,无任务违规操作,能够按照要求执行程序,得30分;其他情况酌情扣分			
工作页完成情况（20分）	按时完成工作页	按时提交	5分	按时提交得5分,迟交不得分			
		内容完成程度	5分	视情况分别得1~5分			
		回答准确率	5分	视情况分别得1~5分			
		字迹书面整洁	5分	视情况分别得1~5分			
总分							
综合得分（自评20%、小组评价30%、教师50%）							

六、评价反馈

请你根据以上打分情况,对本活动当中的工作和学习状态进行总体评述（从素养的自我提升方面和职业能力的提升方面进行评述,分析自己的不足之处,描述对不足之处的改进措施）。

学生签字:
年 月 日

教师指导意见:

教师签字:
年 月 日

学习任务 2.2.2　汽车流水灯模型的制作工单

项目二　单片机基础 课题 2.2　汽车 LED 的控制编程	学习任务 2.2.2　汽车流水灯模型的制作	
	姓名：	班级：

一、明确任务

利用单片机、LED、电阻等元器件组装一套汽车流水灯模型。书写程序并上传，使其实现如下功能：
（1）流水灯点亮的变化频率进行调整。
（2）流水灯熄灭的变化频率进行调整。

二、任务分析

1. 请解释下列语句的含义。
digitalWrite (j,HIGH) ＿＿＿＿＿＿ ； delay(100) ＿＿＿＿＿＿ 。

2. for 语句。
for(j=1;j<=6;j++) 是一个 for 循环语句，它的一般形式为 for (＿＿＿＿＿){ }。<＿＿＿＿＿>是一个赋值语句，它用来给循环控制变量赋初始值；<＿＿＿＿＿>式是一个关系表达式，若满足条件则执行大括号里面的语句，之后循环控制变量值按照 <＿＿＿＿＿> 方式变化。然后再重新判断条件，直到条件为假，则结束循环。

3. for 语句的强化练习。
for(n=0;n<20;n++) 循环语句中 *n* 循环了＿＿＿＿＿次；
for(n=10;n<15;n++) 循环语句中 *n* 循环了＿＿＿＿＿次；
for(n=10;n>4;n--) 循环语句中 *n* 循环了＿＿＿＿＿次；
for(n=11;n>4;n--) 循环语句中 *n* 循环了＿＿＿＿＿次；
for(n=12;n>=6;n--) 循环语句中 *n* 循环了＿＿＿＿＿次；
for(n=3;n<=7;n++) 循环语句中 *n* 循环了＿＿＿＿＿次；
for(n=31;n>10;n--) 循环语句中 *n* 循环了＿＿＿＿＿次；
for(n=5;n<=12;n++) 循环语句中 *n* 循环了＿＿＿＿＿次。

4. 请编写程序实现六颗 LED 灯一次先亮后灭（仅写出实现功能的程序段）。
void loop( ){
digitalWrite(LED1,　　　);

delay(　　);
/* 程序段其余部分写在下面 */

5. 编写程序实现前三颗 LED 灯一起亮，然后前三颗 LED 灯一起熄灭的同时后三颗 LED 灯一起亮，最后后三颗 LED 灯一起熄灭的循环控制（仅写出实现功能的程序段）。

void loop( ){
digitalWrite(LED1,　　);
/* 程序段其余部分写在下面 */

三、任务计划

1. 请根据任务，确定作业所需的相应材料。

所需材料		
物品名称	数量	物品使用的相关说明及注意事项

2. 请根据任务，确定作业操作步骤。

操作步骤		
序号	作业项目	注意事项
计划审核	审核意见：_____。 _____年__月__日　签字：_____	

3. 请根据作业计划，完成小组成员任务分工。

人员安排			
操作人		记录员	
监护人		展示员	

四、计划实施

1. 请在图 1 上完成硬件连接。

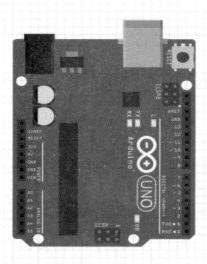
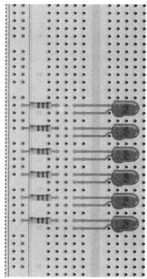

图1

2. 书写程序并上传，使其实现如下功能：
(1) 流水灯点亮的变化频率进行调整。
(2) 流水灯熄灭的变化频率进行调整。

void loop( ){
/* 程序段其余部分写在下面 */

五、质量检查

请实训指导教师检查作业结果，并针对实训过程出现的问题提出改进措施及建议。

评分项目			配分	详细规则	自评得分	小组评价	教师评价
素养（30分）	纪律情况	出勤及执行教师命令情况		此为否定项，违规酌情扣10~100分			
	5S（10分）	整理	2分	对不用的设备、仪器以及耗材进行处理			
		整顿	2分	对需要的设备、仪器以及耗材依规定定位、定量摆放整齐，明确标识			
		清扫	2分	对杂物进行处理			
		清洁	4分	将上面3S的实施制度化、规范化，并维持效果，场地设备整洁干净			
		素养		操作安全规范，此为否定项，违规酌情扣10~100分			
	综合能力（20分）	阅读与表达能力	5分	5分钟内正确描述任务名称及要求得5分；超时或表达不完整得3分；其余不得分			
		逻辑推理能力	5分	能够根据任务进行逻辑推理且合情合理得5分；不符合要求不得分			
		协作能力	5分	有明确的任务分工，并且能够有计划地完成自己的任务得5分；不符合要求不得分			
		创新能力	5分	新渠道正确查阅相关咨询信息；利用新技术、新方法；优化基本检查顺序等，视情况得1~5分			

续表

评分项目			配分	详细规则	自评得分	小组评价	教师评价
核心技术（50分）	方案实施（50分）	确定步骤	10分	实施步骤合理，有明确的任务分工与具体的方案，完成得10分，否则酌情扣分			
		准备工作	10分	操作平台整洁干净，能够熟练使用器材工具，完成得10分，否则酌情扣分			
		实施操作	30分	正确使用所选择的器材工具与设备，操作过程有条不紊，能完成小组任务分工；严格遵循安全操作规范，无任务违规操作，能够按照要求执行程序，得30分；其他情况酌情扣分			
工作页完成情况（20分）	按时完成工作页	按时提交	5分	按时提交得5分，迟交不得分			
		内容完成程度	5分	视情况分别得1~5分			
		回答准确率	5分	视情况分别得1~5分			
		字迹书面整洁	5分	视情况分别得1~5分			
总分							
综合得分（自评20%、小组评价30%、教师50%）							

六、评价反馈

请你根据以上打分情况，对本活动当中的工作和学习状态进行总体评述（从素养的自我提升方面和职业能力的提升方面进行评述，分析自己的不足之处，描述对不足之处的改进措施）。

学生签字：
　年　月　日

教师指导意见：

教师签字：
　年　月　日

学习任务 2.2.3　汽车简易呼吸灯模型的制作工单

项目二　单片机基础 课题 2.2　汽车 LED 的控制编程	学习任务 2.2.3　汽车简易呼吸灯模型的制作工单	
	姓名：	班级：

一、明确任务

1. 工作任务

利用单片机、LED、电阻、滑动变阻器等元器件组装一套汽车 6 缸发动机点火模型。书写程序并上传，使其实现如下功能：

（1）模拟汽车发动机 6 缸正确点火顺序。

（2）模拟汽车负载变化时点火频率的变化。

二、任务分析

1. 请根据所学知识填空。

（1）analogWrite( ) 函数括号里包含_____部分，第一部分用于写_____引脚，第二部分用于给 PWM 口写入一个_____的模拟值。在使用这个函数时一定要特别注意的是_____。

（2）PWM 是一项通过_____的技术。数字控制会形成一个方波，方波信号只有_____两种状态（也就是我们数字引脚的高低）。通过_____的比值就能模拟一个在 0~5 V 之间变化的电压。（学术上称为高电平）所占用的时间叫作脉冲宽度，所以 PWM 也叫作脉冲宽度调制。

（3）占空比的具体含义为_____。

2. 比较 digitaWrite(pin,value) 与 analogWrite(LEDPin, value) 函数的用法与功能的异同。

_____

_____

_____

3. RGB-LED 与普通 LED 的区别。

_____

_____

4. 编制程序软件实现两个呼吸灯的交替变化，即一个呼吸灯实现从亮到灭的同时，另一个呼吸灯则进行相反变化（仅写出实现功能的程序段）。

void loop( ){

/* 程序段其余部分写在下面 */

三、任务计划

1. 请根据任务，确定作业所需相应材料。

所需材料		
物品名称	数量	物品使用的相关说明及注意事项

2. 请根据任务，确定作业操作步骤。

操作步骤		
序号	作业项目	注意事项

计划审核	审核意见：_____ _____。 _____年__月__日　签字：_____

3. 请根据作业计划，完成小组成员任务分工。

人员安排			
操作人		记录员	
监护人		展示员	

四、计划实施

1. 请在图 1 上完成硬件连接。

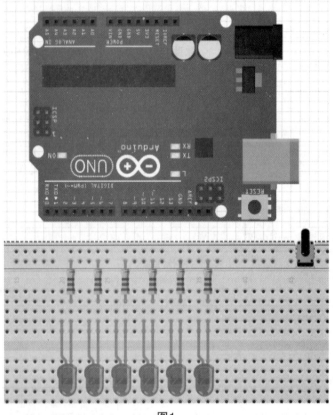

图1

2. 书写程序并上传,使其实现如下功能:
(1) 模拟汽车发动机的 6 缸正确点火顺序。
(2) 模拟汽车负载变化时点火频率的变化。
void loop( ){
/* 程序段其余部分写在下面 */

五、质量检查

请实训指导教师检查作业结果,并针对实训过程出现的问题提出改进措施及建议。

评分项目			配分	详细规则	自评得分	小组评价	教师评价
素养（30分）	纪律情况	出勤及执行教师命令情况		此为否定项,违规酌情扣 10~100 分			
	5S（10分）	整理	2分	对不用的设备、仪器以及耗材进行处理			
		整顿	2分	对需要的设备、仪器以及耗材依规定定位、定量摆放整齐,明确标识			
		清扫	2分	对杂物进行处理			
		清洁	4分	将上面3S的实施制度化、规范化,并维持效果,场地设备整洁干净			
		素养		操作安全规范,此为否定项,违规酌情扣 10~100 分			
	综合能力（20分）	阅读与表达能力	5分	5分钟内正确描述任务名称及要求得5分; 超时或表达不完整得3分; 其余不得分			
		逻辑推理能力	5分	能够根据任务进行逻辑推理且合情合理得5分; 不符合要求不得分			
		协作能力	5分	有明确的任务分工,并且能够有计划地完成自己的任务得5分; 不符合要求不得分			
		创新能力	5分	新渠道正确查阅相关咨询信息; 利用新技术、新方法; 优化基本检查顺序等,视情况得1~5分			

续表

评分项目			配分	详细规则	自评得分	小组评价	教师评价
核心技术（50分）	方案实施（50分）	确定步骤	10分	实施步骤合理，有明确的任务分工与具体的方案，完成得10分，否则酌情扣分			
		准备工作	10分	操作平台整洁干净，能够熟练使用器材工具，完成得10分，否则酌情扣分			
		实施操作	30分	正确使用所选择的器材工具与设备，操作过程有条不紊，能完成小组任务分工；严格遵循安全操作规范，无任务违规操作，能够按照要求执行程序，得30分；其他情况酌情扣分			
工作页完成情况（20分）	按时完成工作页	按时提交	5分	按时提交得5分，迟交不得分			
		内容完成程度	5分	视情况分别得1~5分			
		回答准确率	5分	视情况分别得1~5分			
		字迹书面整洁	5分	视情况分别得1~5分			
总分							
综合得分（自评20%、小组评价30%、教师50%）							

六、评价反馈

请你根据以上打分情况，对本活动当中的工作和学习状态进行总体评述（从素养的自我提升方面和职业能力的提升方面进行评述，分析自己的不足之处，描述对不足之处的改进措施）。

学生签字：
　　　　年　月　日

教师指导意见：

教师签字：
　　　　年　月　日

学习任务 2.3.1　汽车安全带警报模型的制作工单

项目二　单片机基础 课题 2.3　汽车蜂鸣器的控制编程	学习任务 2.3.1　汽车安全带警报模型的制作工单 姓名：　　　　　　　　班级：

一、明确任务

利用单片机、蜂鸣器等元器件组装一台音乐播放器。书写程序并上传，使其实现如下功能：顺利利用播放器播放歌曲《两只老虎》。

二、任务分析

1. 有源蜂鸣器和无源蜂鸣器的区别。

_____
_____
_____

2. 汽车上蜂鸣器的主要应用。

_____
_____

3. tone(pin,frequency) 与 noTone(pin)。

tone( ) 函数括号里包含两部分，第一部分_____，而第二部分的 frequency 是指以_____为单位的频率值，运用该函数可以让蜂鸣器按照我们设定好的频率发出声音。而 noTone( ) 函数括号里面只包括一个部分 pin，即连接到蜂鸣器的数字引脚，该函数的作用是_____。

4. 用蜂鸣器模拟防火报警信号（提示：利用 for 语句）（仅写出实现功能的程序段）。

void loop( ){
/* 程序段其余部分写在下面 */

5. 编制程序软件蜂鸣器一直鸣响（仅写出实现功能的程序段）。

void loop( ){
/* 程序段其余部分写在下面 */

三、任务计划

1. 请根据任务，确定作业所需相应材料。

所需材料		
物品名称	数量	物品使用的相关说明及注意事项

2. 请根据任务，确定作业操作步骤。

操作步骤		
序号	作业项目	注意事项

计划审核	审核意见：_____ _____。 _____年__月__日　签字：_____

3. 请根据作业计划，完成小组成员任务分工。

人员安排			
操作人		记录员	
监护人		展示员	

四、计划实施

1. 请在图 1 上完成硬件连接。

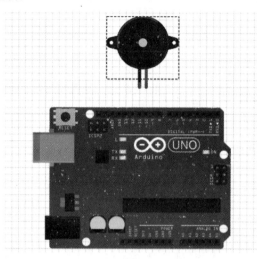

图1

2. 书写程序并上传,使其实现如下功能:顺利利用播放器播放歌曲《两只老虎》。

$1=E \frac{2}{4}$ 佚 名 词曲

(5 6　5 4 ｜ 3 3　1 1 ｜ 2 2　5̇ 5̇ ｜ 1　–）｜

1 2　3 1 ｜ 1 2　3 1 ｜ 3 4　5 ｜ 3 4　5 ｜ 5 6　5 4 ｜
两只 老虎,　两只 老虎,　跑得 快,　跑得 快。　一只 没有

3 1 ｜ 5 6　5 4 ｜ 3 1 ｜ 2 5 ｜ 1　0 ｜
眼睛,　一只 没有　尾巴,　真奇　怪!

2 6̇ ｜ 1　0 :‖
真 奇　怪!

void loop( ){
/* 程序段其余部分写在下面 */

五、质量检查

请实训指导教师检查作业结果,并针对实训过程出现的问题提出改进措施及建议。

评分项目			配分	详细规则	自评得分	小组评价	教师评价
素养（30分）	纪律情况	出勤及执行教师命令情况		此为否定项，违规酌情扣10~100分			
	5S（10分）	整理	2分	对不用的设备、仪器以及耗材进行处理			
		整顿	2分	对需要的设备、仪器以及耗材依规定定位、定量摆放整齐，明确标识			
		清扫	2分	对杂物进行处理			
		清洁	4分	将上面3S的实施制度化、规范化，并维持效果，场地设备整洁干净			
		素养		操作安全规范，此为否定项，违规酌情扣10~100分			
	综合能力（20分）	阅读与表达能力	5分	5分钟内正确描述任务名称及要求得5分；超时或表达不完整得3分；其余不得分			
		逻辑推理能力	5分	能够根据任务进行逻辑推理且合情合理得5分；不符合要求不得分			
		协作能力	5分	有明确的任务分工，并且能够有计划地完成自己的任务得5分；不符合要求不得分			
		创新能力	5分	新渠道正确查阅相关咨询信息；利用新技术、新方法；优化基本检查顺序等，视情况得1~5分			

续表

评分项目			配分	详细规则	自评得分	小组评价	教师评价
核心技术（50分）	方案实施（50分）	确定步骤	10分	实施步骤合理，有明确的任务分工与具体的方案，完成得10分，否则酌情扣分			
		准备工作	10分	操作平台整洁干净，能够熟练使用器材工具，完成得10分，否则酌情扣分			
		实施操作	30分	正确使用所选择的器材工具与设备，操作过程有条不紊，能完成小组任务分工；严格遵循安全操作规范，无任务违规操作，能够按照要求执行程序，得30分；其他情况酌情扣分			
工作页完成情况（20分）	按时完成工作页	按时提交	5分	按时提交得5分，迟交不得分			
		内容完成程度	5分	视情况分别得1~5分			
		回答准确率	5分	视情况分别得1~5分			
		字迹书面整洁	5分	视情况分别得1~5分			
总分							
综合得分（自评20%、小组评价30%、教师50%）							

六、评价反馈

请你根据以上打分情况，对本活动当中的工作和学习状态进行总体评述（从素养的自我提升方面和职业能力的提升方面进行评述，分析自己的不足之处，描述对不足之处的改进措施）。

学生签字：

年　月　日

教师指导意见：

教师签字：

年　月　日

学习任务 2.3.2　汽车喇叭模型的制作工单

项目二　单片机基础 课题 2.3　汽车蜂鸣器的控制编程	学习任务 2.3.2　汽车喇叭模型的制作工单	
	姓名：	班级：

一、明确任务

利用单片机、蜂鸣器等元器件组装一台简易电子琴。书写程序并上传，使其实现如下功能：能够顺利弹奏音乐。

二、任务分析

请根据所学知识填空。

1. INPUT 与 OUTPUT 的区别是什么呢？
_____
_____
_____

2. digitalRead(pin) 主要作用是_____
_____

3. 请写出 if/else 语句的格式。

4. if/else 语句是一种_____语句，判断是否满足括号内的条件，若满足 if 括号内的表达式，则执行_____的语句；若不满足 if 括号内的表达式，则跳出 if 语句并执行_____的语句。如果要执行 else 语句部分，此时也要继续判断是否满足 else 括号内的条件，若满足 else 括号内的表达式，则执行 else_____的语句；若不满足 else 括号内的表达式，则跳出 else 语句并执行_____语句。其中的表达式一般情况下是指判断条件，通常为一些关系式或逻辑式。

5. 简述上拉电阻和下拉电阻的作用。
_____
_____

三、任务计划

1. 请根据任务，确定作业所需相应材料。

所需材料		
物品名称	数量	物品使用的相关说明及注意事项

2. 请根据任务，确定作业操作步骤。

操作步骤		
序号	作业项目	注意事项

计划审核	审核意见：_____ _____。 _____年__月__日　签字：_____

3. 请根据作业计划，完成小组成员任务分工。

人员安排			
操作人		记录员	
监护人		展示员	

四、计划实施

1. 请在图 1 上完成硬件连接。

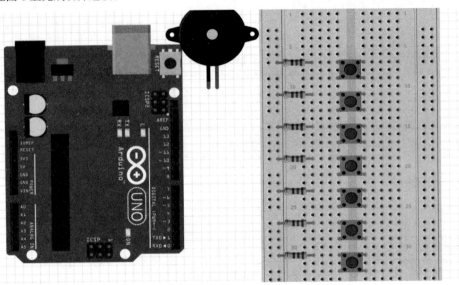

图1

2. 书写程序并上传，使其实现如下功能：能够顺利弹奏音乐。

void loop( ){
/* 程序段其余部分写在下面 */

五、质量检查

请实训指导教师检查作业结果,并针对实训过程出现的问题提出改进措施及建议。

评分项目			配分	详细规则	自评得分	小组评价	教师评价
素养（30分）	纪律情况	出勤及执行教师命令情况		此为否定项，违规酌情扣 10~100 分			
	5S（10分）	整理	2分	对不用的设备、仪器以及耗材进行处理			
		整顿	2分	对需要的设备、仪器以及耗材依规定定位、定量摆放整齐，明确标识			
		清扫	2分	对杂物进行处理			
		清洁	4分	将上面3S的实施制度化、规范化，并维持效果，场地设备整洁干净			
		素养		操作安全规范，此为否定项，违规酌情扣 10~100 分			
	综合能力（20分）	阅读与表达能力	5分	5分钟内正确描述任务名称及要求得5分；超时或表达不完整得3分；其余不得分			
		逻辑推理能力	5分	能够根据任务进行逻辑推理且合情合理得5分；不符合要求不得分			
		协作能力	5分	有明确的任务分工，并且能够有计划地完成自己的任务得5分；不符合要求不得分			
		创新能力	5分	新渠道正确查阅相关咨询信息；利用新技术、新方法；优化基本检查顺序等，视情况得1~5分			

续表

评分项目			配分	详细规则	自评得分	小组评价	教师评价
核心技术（50分）	方案实施（50分）	确定步骤	10分	实施步骤合理，有明确的任务分工与具体的方案，完成得10分，否则酌情扣分			
		准备工作	10分	操作平台整洁干净，能够熟练使用器材工具，完成得10分，否则酌情扣分			
		实施操作	30分	正确使用所选择的器材工具与设备，操作过程有条不紊，能完成小组任务分工；严格遵循安全操作规范，无任务违规操作，能够按照要求执行程序，得30分；其他情况酌情扣分			
工作页完成情况（20分）	按时完成工作页	按时提交	5分	按时提交得5分，迟交不得分			
		内容完成程度	5分	视情况分别得1~5分			
		回答准确率	5分	视情况分别得1~5分			
		字迹书面整洁	5分	视情况分别得1~5分			
总分							
综合得分（自评20%、小组评价30%、教师50%）							

六、评价反馈

请你根据以上打分情况，对本活动当中的工作和学习状态进行总体评述（从素养的自我提升方面和职业能力的提升方面进行评述，分析自己的不足之处，描述对不足之处的改进措施）。

学生签字：
年　月　日

教师指导意见：

教师签字：
年　月　日

学习任务 2.4.1　一位八段数码管的控制编程工单

项目二　单片机基础	学习任务 2.4.1　一位八段数码管的控制编程	
课题 2.4　汽车数码管的控制编程	姓名：	班级：

一、明确任务

利用单片机、电阻及数码管等元器件组装一台简易设备。书写程序并上传，使其实现如下功能：能够循环显示 0~9。

二、任务分析

1. 写出下图数码管的 a~h 各部分区域以及各控制引脚。

2. 根据所学知识填空。

（1）数码管是一种半导体发光器件，其基本单元是发光二极管。数码管按段数分为七段数码管和八段数码管，八段数码管比七段数码管多_____（多一个小数点的显示）；按能显示多少个"8"可分为_____位数码管；按发光二极管单元连接方式分为_____。共阳极数码管是指将所有发光二极管的阳极接到一起形成_____数码管。共阳极数码管在应用时应将公共极 COM 接到_____，当某一字段发光二极管的阴极为_____时，相应字段就点亮。当某一字段的阴极为_____时，相应字段就不亮。共阴极数码管在应用时应将公共极 COM 接到_____时，当某一字段发光二极管的阳极为_____时，相应字段就点亮。当某一字段的阴极为_____时，相应字段就不亮。

（2）一位八段数码管实际上就是_____颗 LED 灯用"8"字形的透明塑料封装一起做成的。所以，在使用时跟发光二极管一样，也要连接_____，否则电流过大会烧毁发光二极管。在连接时将_____的一端与_____口相连，另一端与数码管的_____相连，剩下六个字段和一个小数点依次按照这种方法接。如果公共极 COM 是共阳极，就接到_____；如果公共极 COM 是共阴极，就接到_____。

三、任务计划

1. 请根据任务,确定作业所需相应材料。

所需材料		
物品名称	数量	物品使用的相关说明及注意事项

2. 请根据任务,确定作业操作步骤。

操作步骤		
序号	作业项目	注意事项
计划审核	审核意见:_____ _____。 _____年__月__日 签字:_____	

3. 请根据作业计划,完成小组成员任务分工。

人员安排			
操作人		记录员	
监护人		展示员	

四、计划实施

1. 请在图 1 上完成硬件连接。

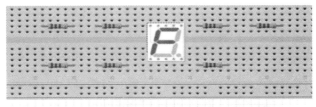

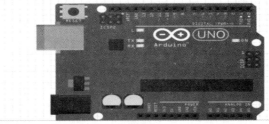

图1

2. 书写程序并上传，使其实现如下功能：能够循环显示 0~9。
void loop( ){
/* 程序段其余部分写在下面 */

五、质量检查

请实训指导教师检查作业结果,并针对实训过程出现的问题提出改进措施及建议。

评分项目			配分	详细规则	自评得分	小组评价	教师评价
素养（30分）	纪律情况	出勤及执行教师命令情况		此为否定项,违规酌情扣10~100分			
	5S（10分）	整理	2分	对不用的设备、仪器以及耗材进行处理			
		整顿	2分	对需要的设备、仪器以及耗材依规定定位、定量摆放整齐,明确标识			
		清扫	2分	对杂物进行处理			
		清洁	4分	将上面3S的实施制度化、规范化,并维持效果,场地设备整洁干净			
		素养		操作安全规范,此为否定项,违规酌情扣10~100分			
	综合能力（20分）	阅读与表达能力	5分	5分钟内正确描述任务名称及要求得5分; 超时或表达不完整得3分; 其余不得分			
		逻辑推理能力	5分	能够根据任务进行逻辑推理且合情合理得5分; 不符合要求不得分			
		协作能力	5分	有明确的任务分工,并且能够有计划地完成自己的任务得5分; 不符合要求不得分			
		创新能力	5分	新渠道正确查阅相关咨询信息; 利用新技术、新方法; 优化基本检查顺序等,视情况得1~5分			

续表

评分项目			配分	详细规则	自评得分	小组评价	教师评价
核心技术（50分）	方案实施（50分）	确定步骤	10分	实施步骤合理，有明确的任务分工与具体的方案，完成得10分，否则酌情扣分			
		准备工作	10分	操作平台整洁干净，能够熟练使用器材工具，完成得10分，否则酌情扣分			
		实施操作	30分	正确使用所选择的器材工具与设备，操作过程有条不紊，能完成小组任务分工；严格遵循安全操作规范，无任务违规操作，能够按照要求执行程序，得30分；其他情况酌情扣分			
工作页完成情况（20分）	按时完成工作页	按时提交	5分	按时提交得5分，迟交不得分			
		内容完成程度	5分	视情况分别得1~5分			
		回答准确率	5分	视情况分别得1~5分			
		字迹书面整洁	5分	视情况分别得1~5分			
总分							
综合得分（自评20%、小组评价30%、教师50%）							

六、评价反馈

请你根据以上打分情况，对本活动当中的工作和学习状态进行总体评述（从素养的自我提升方面和职业能力的提升方面进行评述，分析自己的不足之处，描述对不足之处的改进措施）。

学生签字：

年 月 日

教师指导意见：

教师签字：

年 月 日

学习任务 2.4.2　四位八段数码管的控制编程工单

项目二　单片机基础	学习任务 2.4.2　四位八段数码管的控制编程	
课题 2.4　汽车数码管的控制编程	姓名：	班级：

一、明确任务

利用单片机、电阻及数码管等元器件组装一台汽车转速仪表。书写程序并上传，使其实现如下功能：当传感器采集不同的数值时（更改 n 的数值），数码管的数值可以随之变化。

二、任务分析

1. 对照四位八段数码管的内部原理结构图，写出数码管的各个引脚对应的控制区域，如图 1 所示。

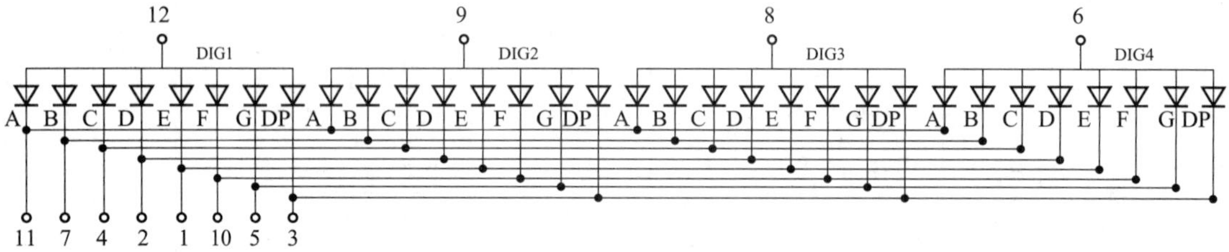

（a）

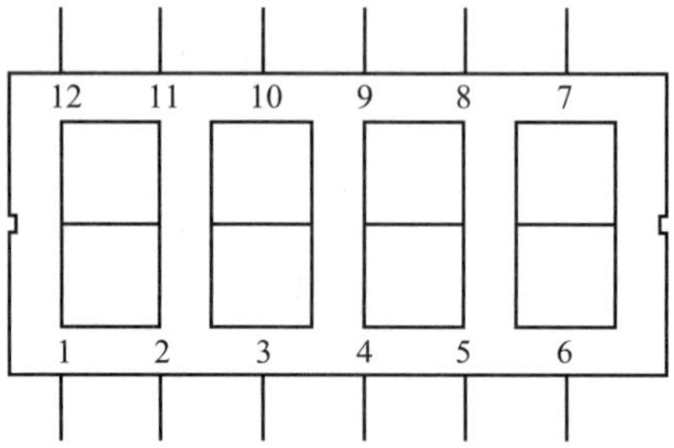

（b）

图 1

2. 根据所学知识填空。

（1）请写出 switch 函数的一般表达式。

（2）在 switch 函数中，函数表达式的值等于_____，那么就从该 case 语句开始执行，直到遇到一个_____，switch 语句才会结束，程序将跳出 switch 语句，执行_____之后的第一个语句，并_____。假如任何一个 case 语句的值都不等于表达式的值，就运行_____之下的语句。假如表达式的值和任何一个 case 标签都不匹配，同时没有发现一个_____标签，程序将跳过整个 switch 语句，执行_____。

（3）在 switch 语句中，每个 case 语句的结尾不要忘记_____，否则将导致多个分支重叠。当然，除非有意使多个分支重叠，这样可以免去 break 语句。

（4）相对于 if 语句而言，switch 语句可以_____。但是 switch 语句只能够测试_____，因此，语句后面只能是整型或字符型的常量或常量表达式；而在 if 语句中还能够测试关系与逻辑表达式。

三、任务计划

1. 请根据任务，确定作业所需相应材料。

所需材料		
物品名称	数量	物品使用的相关说明及注意事项

2. 请根据任务，确定作业操作步骤。

操作步骤		
序号	作业项目	注意事项
计划审核	审核意见：_____ _____。 _____年__月__日　签字：_____	

3. 请根据作业计划，完成小组成员任务分工。

人员安排			
操作人		记录员	
监护人		展示员	

四、计划实施

1. 请在图 2 上完成硬件连接。

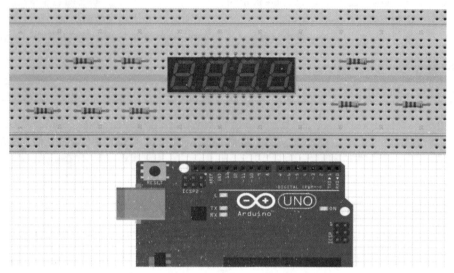

图2

2. 书写程序并上传，使其实现如下功能：当传感器采集不同的数值时（更改 n 的数值），数码管的数值可以随之变化。

   void loop( ){
   /* 程序段其余部分写在下面 */

五、质量检查

请实训指导教师检查作业结果，并针对实训过程出现的问题提出改进措施及建议。

评分项目			配分	详细规则	自评得分	小组评价	教师评价
素养（30分）	纪律情况	出勤及执行教师命令情况		此为否定项，违规酌情扣10~100分			
	5S（10分）	整理	2分	对不用的设备、仪器以及耗材进行处理			
		整顿	2分	对需要的设备、仪器以及耗材依规定定位、定量摆放整齐，明确标识			
		清扫	2分	对杂物进行处理			
		清洁	4分	将上面3S的实施制度化、规范化，并维持效果，场地设备整洁干净			
		素养		操作安全规范，此为否定项，违规酌情扣10~100分			
	综合能力（20分）	阅读与表达能力	5分	5分钟内正确描述任务名称及要求得5分；超时或表达不完整得3分；其余不得分			
		逻辑推理能力	5分	能够根据任务进行逻辑推理且合情合理得5分；不符合要求不得分			
		协作能力	5分	有明确的任务分工，并且能够有计划地完成自己的任务得5分；不符合要求不得分			
		创新能力	5分	新渠道正确查阅相关咨询信息；利用新技术、新方法；优化基本检查顺序等，视情况得1~5分			

续表

评分项目			配分	详细规则	自评得分	小组评价	教师评价
核心技术（50分）	方案实施（50分）	确定步骤	10分	实施步骤合理，有明确的任务分工与具体的方案，完成得10分，否则酌情扣分			
		准备工作	10分	操作平台整洁干净，能够熟练使用器材工具，完成得10分，否则酌情扣分			
		实施操作	30分	正确使用所选择的器材工具与设备，操作过程有条不紊，能完成小组任务分工；严格遵循安全操作规范，无任务违规操作，能够按照要求执行程序，得30分；其他情况酌情扣分			
工作页完成情况（20分）	按时完成工作页	按时提交	5分	按时提交得5分，迟交不得分			
		内容完成程度	5分	视情况分别得1~5分			
		回答准确率	5分	视情况分别得1~5分			
		字迹书面整洁	5分	视情况分别得1~5分			
总分							
综合得分（自评20%、小组评价30%、教师50%）							

六、评价反馈

请你根据以上打分情况，对本活动当中的工作和学习状态进行总体评述（从素养的自我提升方面和职业能力的提升方面进行评述，分析自己的不足之处，描述对不足之处的改进措施）。

学生签字：

年 月 日

教师指导意见：

教师签字：

年 月 日

学习任务 2.5.1　振动传感器的控制编程工单

项目二　单片机基础 课题 2.5　汽车典型传感器的控制编程	学习任务 2.5.1　振动传感器的控制编程	
	姓名：	班级：

一、明确任务

利用单片机、电阻、振动开关等元器件组装一台振动报警装置。书写程序并上传，使其实现如下功能：

（1）当出现异常振动时，报警装置可以通过灯光报警。

（2）当出现异常振动时，报警装置可以通过蜂鸣器报警。

（3）当出现异常振动时，报警装置可以通过按钮解除报警。

二、任务分析

1. 滚珠式振动开关的工作原理。

_____

_____

_____

_____

2. 根据所学知识填空。

（1）爆燃传感器一般安装在_____，它能够感应出发动机各种不同频率的振动，并将振动转化_____。当发动机发生爆燃时，爆燃传感器感应到此变化并产生较大的振幅_____。汽车中的爆燃传感器主要有_____和_____。

（2）共振型压电式爆燃传感器与非共振型压电式爆燃传感器的比较。

_____

_____

_____

_____

_____

_____

3. 根据所学知识填空。

（1）碰撞传感器一般用在_____，是主要的信号输入装置，其作用是在汽车发生碰撞时，_____。

（2）碰撞传感器按其功用的不同可分为_____和_____；按照结构的不同可分为_____、_____、_____。

4. 请写出下面语句的含义。

Serial.begin(9600)_____

Serial.print("Value=")_____

Serial.println(Value)_____

三、任务计划

1. 请根据任务，确定作业所需相应材料。

所需材料		
物品名称	数量	物品使用的相关说明及注意事项

2. 请根据任务，确定作业操作步骤。

操作步骤		
序号	作业项目	注意事项

计划审核	审核意见：_____ _____。 _____年__月__日　签字：_____

3. 请根据作业计划，完成小组成员任务分工。

人员安排			
操作人		记录员	
监护人		展示员	

四、计划实施

1. 请在图 1 上完成硬件连接。

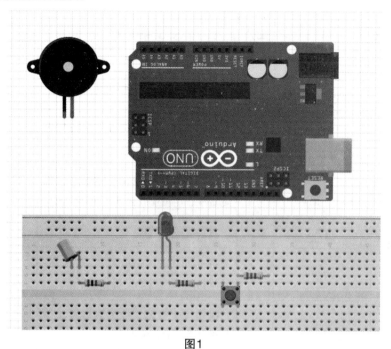

图1

2. 书写程序并上传，使其实现如下功能：

（1）当出现异常振动时，报警装置可以通过灯光报警。

（2）当出现异常振动时，报警装置可以通过蜂鸣器报警。

（3）当出现异常振动时，报警装置可以通过按钮解除报警。

void loop( ){

/* 程序段其余部分写在下面 */

五、质量检查

请实训指导教师检查作业结果，并针对实训过程出现的问题提出改进措施及建议。

评分项目			配分	详细规则	自评得分	小组评价	教师评价
素养（30分）	纪律情况	出勤及执行教师命令情况		此为否定项，违规酌情扣10~100分			
	5S（10分）	整理	2分	对不用的设备、仪器以及耗材进行处理			
		整顿	2分	对需要的设备、仪器以及耗材依规定定位、定量摆放整齐，明确标识			
		清扫	2分	对杂物进行处理			
		清洁	4分	将上面3S的实施制度化、规范化，并维持效果，场地设备整洁干净			
		素养		操作安全规范，此为否定项，违规酌情扣10~100分			
	综合能力（20分）	阅读与表达能力	5分	5分钟内正确描述任务名称及要求得5分；超时或表达不完整得3分；其余不得分			
		逻辑推理能力	5分	能够根据任务进行逻辑推理且合情合理得5分；不符合要求不得分			
		协作能力	5分	有明确的任务分工，并且能够有计划地完成自己的任务得5分；不符合要求不得分			
		创新能力	5分	新渠道正确查阅相关咨询信息；利用新技术、新方法；优化基本检查顺序等，视情况得1~5分			

续表

评分项目			配分	详细规则	自评得分	小组评价	教师评价
核心技术（50分）	方案实施（50分）	确定步骤	10分	实施步骤合理，有明确的任务分工与具体的方案，完成得10分，否则酌情扣分			
		准备工作	10分	操作平台整洁干净，能够熟练使用器材工具，完成得10分，否则酌情扣分			
		实施操作	30分	正确使用所选择的器材工具与设备，操作过程有条不紊，能完成小组任务分工；严格遵循安全操作规范，无任务违规操作，能够按照要求执行程序，得30分；其他情况酌情扣分			
工作页完成情况（20分）	按时完成工作页	按时提交	5分	按时提交得5分，迟交不得分			
		内容完成程度	5分	视情况分别得1~5分			
		回答准确率	5分	视情况分别得1~5分			
		字迹书面整洁	5分	视情况分别得1~5分			
总分							
综合得分（自评20%、小组评价30%、教师50%）							

六、评价反馈

请你根据以上打分情况，对本活动当中的工作和学习状态进行总体评述（从素养的自我提升方面和职业能力的提升方面进行评述，分析自己的不足之处，描述对不足之处的改进措施）。

学生签字：
年　月　日

教师指导意见：

教师签字：
年　月　日

学习任务 2.5.2 光照传感器的控制编程工单

项目二　单片机基础 课题 2.5　汽车典型传感器的控制编程	学习任务 2.5.2　光照传感器的控制编程	
	姓名：	班级：

一、明确任务

利用单片机、电阻、光敏传感器等元器件组装一台近、远光灯控制盒。书写程序并上传，使其实现如下功能：在手机光照、日光灯光照但无手机光照以及既没有日光灯照也没有手机光照三种光照条件下，控制盒能够自动切换远近光灯。

二、任务分析

1. analogRead(pin) 函数，这个函数的作用是_____，pin 是指_____。Arduino 的模拟引脚，输入 0~5 V 的电压对应读到_____的数值。

2. 光敏电阻的工作原理是_____。

3. 比较一下 digitaWrite(pin,value)、analogWrite(LEDPin, value)、digitalRead(pin)、analogRead(pin) 几个函数的用法以及注意事项。
_____
_____

4. 请画出光照传感器及振动传感器的简易电路图。

5. 根据自己的实验环境首先将串口所读取的以下数值填写出来。
所测得的有手机光照时串口读取值：_____；
有日光灯光照但无手机光照时串口读取值：_____；
既没有日光灯照也没有手机光照时串口读取值：_____。
接下来我们再将这三个数值从小到大排列，选取最小数和中间数的中间值及最大数及中间数的中间值，此时，你所选择的数值分别为_____和_____，这两个数值便作为区分三种光照状态的临界值。从而得到控制远近光灯的阈值条件，请将下表填写完整（X 作为此时的光照值）。

X<	<X<	X>	近光灯
			远光灯

三、任务计划

1. 请根据任务,确定作业所需相应材料。

所需材料		
物品名称	数量	物品使用的相关说明及注意事项

2. 请根据任务,确定作业操作步骤。

操作步骤		
序号	作业项目	注意事项

计划审核	审核意见:_____ _____。 _____年__月__日　签字:_____

3. 请根据作业计划,完成小组成员任务分工。

人员安排			
操作人		记录员	
监护人		展示员	

四、计划实施

1. 请在图 1 上完成硬件连接。

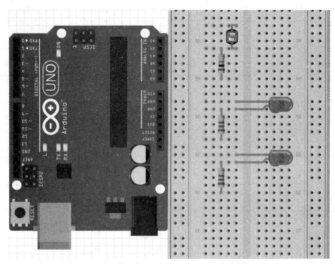

图1

2. 书写程序并上传,使其实现如下功能:在手机光照、日光灯光照但无手机光照以及既没有日光灯照也没有手机光照三种光照条件下,控制盒能够自动切换远近光灯。

```
void loop( ){
/* 程序段其余部分写在下面 */
```

五、质量检查

请实训指导教师检查作业结果,并针对实训过程出现的问题提出改进措施及建议。

评分项目			配分	详细规则	自评得分	小组评价	教师评价
素养（30分）	纪律情况	出勤及执行教师命令情况		此为否定项,违规酌情扣10~100分			
	5S（10分）	整理	2分	对不用的设备、仪器以及耗材进行处理			
		整顿	2分	对需要的设备、仪器以及耗材依规定定位、定量摆放整齐,明确标识			
		清扫	2分	对杂物进行处理			
		清洁	4分	将上面3S的实施制度化、规范化,并维持效果,场地设备整洁干净			
		素养		操作安全规范,此为否定项,违规酌情扣10~100分			
	综合能力（20分）	阅读与表达能力	5分	5分钟内正确描述任务名称及要求得5分; 超时或表达不完整得3分; 其余不得分			
		逻辑推理能力	5分	能够根据任务进行逻辑推理且合情合理得5分; 不符合要求不得分			
		协作能力	5分	有明确的任务分工,并且能够有计划地完成自己的任务得5分; 不符合要求不得分			
		创新能力	5分	新渠道正确查阅相关咨询信息; 利用新技术、新方法; 优化基本检查顺序等,视情况得1~5分			

续表

评分项目			配分	详细规则	自评得分	小组评价	教师评价
核心技术（50分）	方案实施（50分）	确定步骤	10分	实施步骤合理，有明确的任务分工与具体的方案，完成得10分，否则酌情扣分			
		准备工作	10分	操作平台整洁干净，能够熟练使用器材工具，完成得10分，否则酌情扣分			
		实施操作	30分	正确使用所选择的器材工具与设备，操作过程有条不紊，能完成小组任务分工；严格遵循安全操作规范，无任务违规操作，能够按照要求执行程序，得30分； 其他情况酌情扣分			
工作页完成情况（20分）	按时完成工作页	按时提交	5分	按时提交得5分，迟交不得分			
		内容完成程度	5分	视情况分别得1~5分			
		回答准确率	5分	视情况分别得1~5分			
		字迹书面整洁	5分	视情况分别得1~5分			
总分							
综合得分（自评20%、小组评价30%、教师50%）							

六、评价反馈

请你根据以上打分情况，对本活动当中的工作和学习状态进行总体评述（从素养的自我提升方面和职业能力的提升方面进行评述，分析自己的不足之处，描述对不足之处的改进措施）。

学生签字：

年　月　日

教师指导意见：

教师签字：

年　月　日

学习任务 2.5.3　温度传感器的控制编程工单

项目二　单片机基础	学习任务 2.5.3　温度传感器的控制编程
课题 2.5　汽车典型传感器的控制编程	姓名：　　　　　　　　班级：

一、明确任务

利用单片机、电阻、蜂鸣器等元器件组装一台报警器。书写程序并上传，使其实现如下功能：在不同的温度范围，蜂鸣器发出不同频率的报警声音。

二、任务分析

1. 根据所学知识填空。

（1）温度传感器将被测对象的温度转换为相应的_____，以使电控单元能进行温度修正或进行与温度相关的控制。温度传感器按其结构与工作原理分为_____、_____、_____、_____等多种形式。

（2）汽车上的温度传感器大都采用_____，例如_____、_____、_____、_____、_____等。

2. 根据所学知识写出热敏电阻式温度传感器各结构名称，如图1所示。

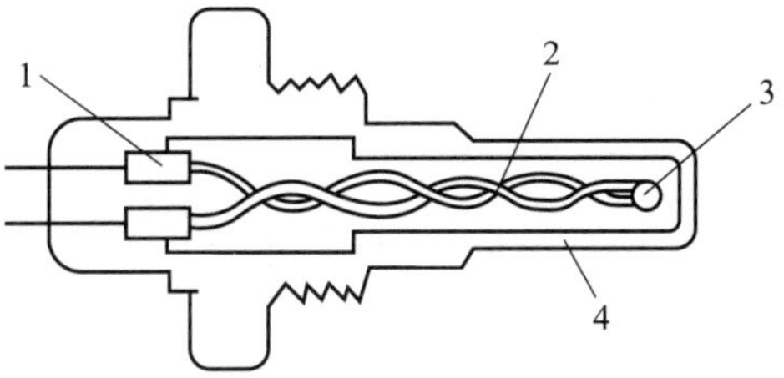

图1

3. 根据所学知识区分热敏电阻式温度传感器测量电路，并找到不同点，如图2所示。

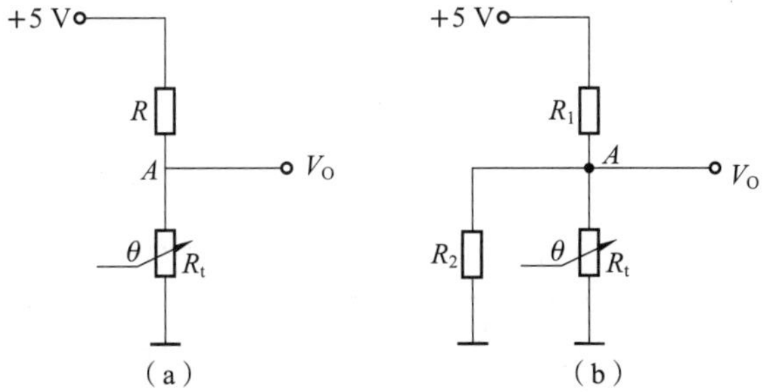

图2

（a）_____；（b）_____。

不同点：_____

三、任务计划

1. 请根据任务,确定作业所需相应材料。

所需材料		
物品名称	数量	物品使用的相关说明及注意事项

2. 请根据任务,确定作业操作步骤。

操作步骤		
序号	作业项目	注意事项

计划审核	审核意见:_____ _____。 _____年__月__日　签字:_____

3. 请根据作业计划,完成小组成员任务分工。

人员安排			
操作人		记录员	
监护人		展示员	

四、计划实施

1. 请在图3上完成硬件连接。

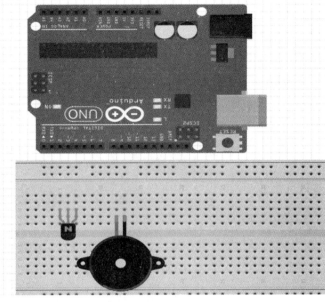

图3

2. 书写程序并上传，使其实现如下功能：在不同的温度范围，蜂鸣器发出不同频率的报警声音。

void loop( ){

/* 程序段其余部分写在下面 */

五、质量检查

请实训指导教师检查作业结果,并针对实训过程出现的问题提出改进措施及建议。

评分项目			配分	详细规则	自评得分	小组评价	教师评价
素养（30分）	纪律情况	出勤及执行教师命令情况		此为否定项,违规酌情扣10~100分			
	5S（10分）	整理	2分	对不用的设备、仪器以及耗材进行处理			
		整顿	2分	对需要的设备、仪器以及耗材依规定定位、定量摆放整齐,明确标识			
		清扫	2分	对杂物进行处理			
		清洁	4分	将上面3S的实施制度化、规范化,并维持效果,场地设备整洁干净			
		素养		操作安全规范,此为否定项,违规酌情扣10~100分			
	综合能力（20分）	阅读与表达能力	5分	5分钟内正确描述任务名称及要求得5分;超时或表达不完整得3分;其余不得分			
		逻辑推理能力	5分	能够根据任务进行逻辑推理且合情合理得5分;不符合要求不得分			
		协作能力	5分	有明确的任务分工,并且能够有计划地完成自己的任务得5分;不符合要求不得分			
		创新能力	5分	新渠道正确查阅相关咨询信息;利用新技术、新方法;优化基本检查顺序等,视情况得1~5分			

续表

评分项目			配分	详细规则	自评得分	小组评价	教师评价
核心技术（50分）	方案实施（50分）	确定步骤	10分	实施步骤合理，有明确的任务分工与具体的方案，完成得10分，否则酌情扣分			
		准备工作	10分	操作平台整洁干净，能够熟练使用器材工具，完成得10分，否则酌情扣分			
		实施操作	30分	正确使用所选择的器材工具与设备，操作过程有条不紊，能完成小组任务分工；严格遵循安全操作规范，无任务违规操作，能够按照要求执行程序，得30分；其他情况酌情扣分			
工作页完成情况（20分）	按时完成工作页	按时提交	5分	按时提交得5分，迟交不得分			
		内容完成程度	5分	视情况分别得1~5分			
		回答准确率	5分	视情况分别得1~5分			
		字迹书面整洁	5分	视情况分别得1~5分			
总分							
综合得分（自评20%、小组评价30%、教师50%）							

六、评价反馈

请你根据以上打分情况，对本活动当中的工作和学习状态进行总体评述（从素养的自我提升方面和职业能力的提升方面进行评述，分析自己的不足之处，描述对不足之处的改进措施）。

学生签字：
年　月　日

教师指导意见：

教师签字：
年　月　日

学习任务 2.5.4　超声波传感器的控制编程工单

项目二　单片机基础 课题 2.5　汽车典型传感器的控制编程	学习任务 2.5.4　超声波传感器的控制编程
	姓名：　　　　　　班级：

一、明确任务

利用单片机、电阻、蜂鸣器、LED 等元器件组装一台雷达报警器。书写程序并上传，使其实现如下功能：

（1）传感器和障碍物距离变小时，蜂鸣器可以进行报警。

（2）传感器和障碍物距离变小时，LED 可以闪烁报警。

（3）随着传感器和障碍物距离不断变小，蜂鸣器和 LED 报警声音变得急促。

二、任务分析

1. delayMicroseconds( ) 和 pulseIn(pin, value)。

delayMicroseconds( ) 函数是_____函数，其用法与之前学过的 delay( ) 函数基本一样，唯一不同的地方是_____。

pulseIn(pin, value) 函数用于检测_____，默认单位是 μs。该函数的括号里包括两个部分，即_____。

2. 请写出下面语句的含义。

delayMicroseconds(10)_____；

digitalWrite(TrigPin, LOW)_____；

pulseIn(EchoPin, HIGH)_____。

3. 请画出超声波传感器的触发引脚与回声引脚工作时的时序图。

三、任务计划

1. 请根据任务,确定作业所需相应材料。

所需材料		
物品名称	数量	物品使用的相关说明及注意事项

2. 请根据任务,确定作业操作步骤。

操作步骤		
序号	作业项目	注意事项

计划审核	审核意见:_____ _____。 _____年__月__日 签字:_____

3. 请根据作业计划,完成小组成员任务分工。

人员安排			
操作人		记录员	
监护人		展示员	

四、计划实施

1. 请在图 1 上完成硬件连接。

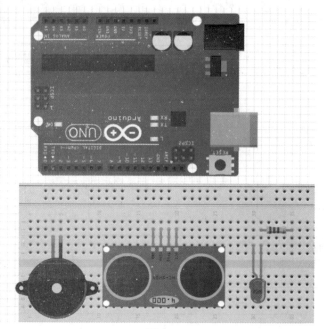

图1

2. 书写程序并上传,使其实现如下功能:

(1) 传感器和障碍物距离变小时,蜂鸣器可以进行报警。

(2) 传感器和障碍物距离变小时,LED 可以闪烁报警。

(3) 随着传感器和障碍物距离不断变小,蜂鸣器和 LED 报警声音变得急促。

void loop( ){

/* 程序段其余部分写在下面 */

五、质量检查

请实训指导教师检查作业结果，并针对实训过程出现的问题提出改进措施及建议。

评分项目			配分	详细规则	自评得分	小组评价	教师评价
素养（30分）	纪律情况	出勤及执行教师命令情况		此为否定项，违规酌情扣10~100分			
	5S（10分）	整理	2分	对不用的设备、仪器以及耗材进行处理			
		整顿	2分	对需要的设备、仪器以及耗材依规定定位、定量摆放整齐，明确标识			
		清扫	2分	对杂物进行处理			
		清洁	4分	将上面3S的实施制度化、规范化，并维持效果，场地设备整洁干净			
		素养		操作安全规范，此为否定项，违规酌情扣10~100分			
	综合能力（20分）	阅读与表达能力	5分	5分钟内正确描述任务名称及要求得5分；超时或表达不完整得3分；其余不得分			
		逻辑推理能力	5分	能够根据任务进行逻辑推理且合情合理得5分；不符合要求不得分			
		协作能力	5分	有明确的任务分工，并且能够有计划地完成自己的任务得5分；不符合要求不得分			
		创新能力	5分	新渠道正确查阅相关咨询信息；利用新技术、新方法；优化基本检查顺序等，视情况得1~5分			

续表

评分项目			配分	详细规则	自评得分	小组评价	教师评价
核心技术（50分）	方案实施（50分）	确定步骤	10分	实施步骤合理，有明确的任务分工与具体的方案，完成得10分，否则酌情扣分			
		准备工作	10分	操作平台整洁干净，能够熟练使用器材工具，完成得10分，否则酌情扣分			
		实施操作	30分	正确使用所选择的器材工具与设备，操作过程有条不紊，能完成小组任务分工；严格遵循安全操作规范，无任务违规操作，能够按照要求执行程序，得30分；其他情况酌情扣分			
工作页完成情况（20分）	按时完成工作页	按时提交	5分	按时提交得5分，迟交不得分			
		内容完成程度	5分	视情况分别得1~5分			
		回答准确率	5分	视情况分别得1~5分			
		字迹书面整洁	5分	视情况分别得1~5分			
总分							
综合得分（自评20%、小组评价30%、教师50%）							

六、评价反馈

请你根据以上打分情况，对本活动当中的工作和学习状态进行总体评述（从素养的自我提升方面和职业能力的提升方面进行评述，分析自己的不足之处，描述对不足之处的改进措施）。

学生签字：
　　年　月　日

教师指导意见：

教师签字：
　　年　月　日

学习任务 2.6.1　模拟汽车喷油系统控制工单

项目二　单片机基础	学习任务 2.6.1　模拟汽车喷油系统控制
课题 2.6　典型汽车控制系统	姓名：　　　　　　　　班级：

一、明确任务

利用单片机、电阻、LED 等元器件组装一台模拟器。书写程序并上传，使其实现如下功能：
（1）当加速踏板（滑动变阻器）的信号改变时，喷油（LED）也随之变化。
（2）适当调整程序，使喷油顺序发生改变。

二、任务分析

1. 将下面的空缺部分补充完整。

电子加速控制系统主要由_____、踏板位移传感器、_____、数据总线、伺服电动机和_____组成。位置传感器安装在_____，随时监测加速踏板的位置。当监测到加速踏板高度位置有变化时，位置传感器会瞬间将此信息送往_____，_____对该信息和其他系统传来的数据信息进行运算处理，计算出一个控制信号，通过线路送到伺服电动机继电器，伺服电动机驱动执行机构，_____则是负责系统 ECU 与其他 ECU 之间的通信。加速踏板位置传感器以_____原理工作，ECU 供给传感器电路_____电压。电子加速踏板通过转轴与传感器内部的滑动变阻器的_____连接，加速踏板位置传感器的位置改变时，电刷与接地端的电压发生改变，ECU 将该电压转变成加速踏板的_____，ECU 监测加速踏板内部_____套滑动电阻，以保证输出信号的可靠性。

2. 按照图 1 测量传感器与 ECU 之间线路的数据。通电状态下，线束插头 1#、2#、4#、6# 插片处电压为_____，3#、5# 插片电压为_____。在通电状态下，不踩动加速踏板，"加速踏板 1 原始值 - 电压"为_____，"加速踏板 2 原始值 - 电压"为_____；踩下加速踏板，随着踏板开度的增大，2 套电阻的电压_____，电阻 1 的电压与电阻 2 电压的关系为_____。

```
         2  电源线1
         4  信号线1
         3  地线1
         1  电源线2
         6  信号线2
         5  地线2
```

三、任务计划

1. 请根据任务,确定作业所需相应材料。

所需材料		
物品名称	数量	物品使用的相关说明及注意事项

2. 请根据任务,确定作业操作步骤。

操作步骤		
序号	作业项目	注意事项
计划审核	审核意见:_____ _____ _____。 　　　　　_____年__月__日　签字:_____	

3. 请根据作业计划,完成小组成员任务分工。

人员安排			
操作人		记录员	
监护人		展示员	

四、计划实施

1. 请在图2上完成硬件连接。

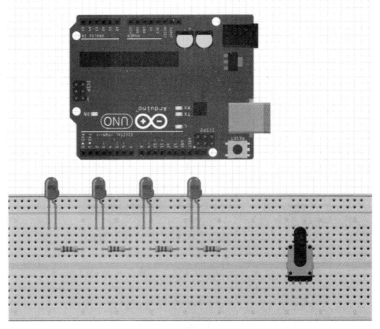

图2

2. 书写程序并上传，使其实现如下功能：

（1）当加速踏板（滑动变阻器）的信号改变时，喷油（LED）也随之变化。

（2）适当调整程序，使喷油顺序发生改变。

void loop( ){

/* 程序段其余部分写在下面 */

五、质量检查

请实训指导教师检查作业结果,并针对实训过程出现的问题提出改进措施及建议。

评分项目			配分	详细规则	自评得分	小组评价	教师评价
素养（30分）	纪律情况	出勤及执行教师命令情况		此为否定项,违规酌情扣10~100分			
	5S（10分）	整理	2分	对不用的设备、仪器以及耗材进行处理			
		整顿	2分	对需要的设备、仪器以及耗材依规定定位、定量摆放整齐,明确标识			
		清扫	2分	对杂物进行处理			
		清洁	4分	将上面3S的实施制度化、规范化,并维持效果,场地设备整洁干净			
		素养		操作安全规范,此为否定项,违规酌情扣10~100分			
	综合能力（20分）	阅读与表达能力	5分	5分钟内正确描述任务名称及要求得5分; 超时或表达不完整得3分; 其余不得分			
		逻辑推理能力	5分	能够根据任务进行逻辑推理且合情合理得5分; 不符合要求不得分			
		协作能力	5分	有明确的任务分工,并且能够有计划地完成自己的任务得5分; 不符合要求不得分			
		创新能力	5分	新渠道正确查阅相关咨询信息; 利用新技术、新方法; 优化基本检查顺序等,视情况得1~5分			

续表

评分项目			配分	详细规则	自评得分	小组评价	教师评价
核心技术（50分）	方案实施（50分）	确定步骤	10分	实施步骤合理，有明确的任务分工与具体的方案，完成得10分，否则酌情扣分			
		准备工作	10分	操作平台整洁干净，能够熟练使用器材工具，完成得10分，否则酌情扣分			
		实施操作	30分	正确使用所选择的器材工具与设备，操作过程有条不紊，能完成小组任务分工；严格遵循安全操作规范，无任务违规操作，能够按照要求执行程序，得30分；其他情况酌情扣分			
工作页完成情况（20分）	按时完成工作页	按时提交	5分	按时提交得5分，迟交不得分			
		内容完成程度	5分	视情况分别得1~5分			
		回答准确率	5分	视情况分别得1~5分			
		字迹书面整洁	5分	视情况分别得1~5分			
总分							
综合得分（自评20%、小组评价30%、教师50%）							

六、评价反馈

请你根据以上打分情况，对本活动当中的工作和学习状态进行总体评述（从素养的自我提升方面和职业能力的提升方面进行评述，分析自己的不足之处，描述对不足之处的改进措施）。

学生签字：
年　月　日

教师指导意见：

教师签字：
年　月　日

学习任务 2.6.2　模拟汽车点火系统控制工单

项目二　单片机基础	学习任务 2.6.2　模拟汽车点火系统控制
课题 2.6　典型汽车控制系统	姓名：　　　　　　班级：

一、明确任务

利用单片机、电阻、LED 等元器件组装一台模拟器。书写程序并上传，使其实现如下功能：
（1）当加速踏板（滑动变阻器）的信号改变时，点火（LED）也随之变化。
（2）适当调整程序，使点火顺序发生改变。

二、任务分析

1. 点火系统的主要作用是在气缸内_____的产生电火花，以点燃可燃混合气，使汽油发动机实现做功。点火系统的发展主要经历了_____、_____和_____。目前汽油车都处在_____系统阶段。

2. 请写出图1分别为哪种点火系统。

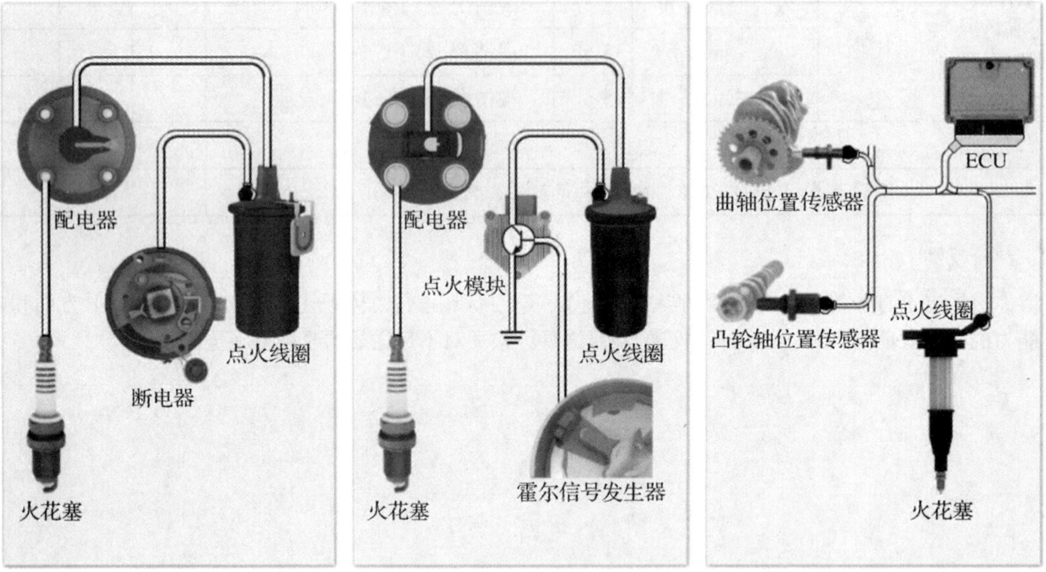

（a）配电器　断电器　点火线圈　火花塞
（b）配电器　点火模块　点火线圈　霍尔信号发生器　火花塞
（c）曲轴位置传感器　凸轮轴位置传感器　ECU　点火线圈　火花塞

图1

_____

3. 根据所学知识填空。
三缸发动机点火顺序：_____；
四缸发动机点火顺序：_____；
五缸发动机点火顺序：_____；
六缸发动机点火顺序：_____；
八缸发动机点火顺序：_____。

三、任务计划

1. 请根据任务,确定作业所需相应材料。

所需材料		
物品名称	数量	物品使用的相关说明及注意事项

2. 请根据任务,确定作业操作步骤。

操作步骤		
序号	作业项目	注意事项

计划审核	审核意见:_____ _____。 _____年__月__日　签字:_____

3. 请根据作业计划,完成小组成员任务分工。

人员安排			
操作人		记录员	
监护人		展示员	

四、计划实施

1. 请在图 2 上完成硬件连接。

图2

2. 书写程序并上传，使其实现如下功能：

（1）当加速踏板（滑动变阻器）的信号改变时，点火（LED）也随之变化。

（2）适当调整程序，使点火顺序发生改变。

void loop( ){

/* 程序段其余部分写在下面 */

五、质量检查

请实训指导教师检查作业结果,并针对实训过程出现的问题提出改进措施及建议。

评分项目			配分	详细规则	自评得分	小组评价	教师评价
素养（30分）	纪律情况	出勤及执行教师命令情况		此为否定项,违规酌情扣 10~100 分			
	5S（10分）	整理	2分	对不用的设备、仪器以及耗材进行处理			
		整顿	2分	对需要的设备、仪器以及耗材依规定定位、定量摆放整齐,明确标识			
		清扫	2分	对杂物进行处理			
		清洁	4分	将上面3S的实施制度化、规范化,并维持效果,场地设备整洁干净			
		素养		操作安全规范,此为否定项,违规酌情扣 10~100 分			
	综合能力（20分）	阅读与表达能力	5分	5分钟内正确描述任务名称及要求得5分;超时或表达不完整得3分;其余不得分			
		逻辑推理能力	5分	能够根据任务进行逻辑推理且合情合理得5分;不符合要求不得分			
		协作能力	5分	有明确的任务分工,并且能够有计划地完成自己的任务得5分;不符合要求不得分			
		创新能力	5分	新渠道正确查阅相关咨询信息;利用新技术、新方法;优化基本检查顺序等,视情况得1~5分			

续表

评分项目			配分	详细规则	自评得分	小组评价	教师评价
核心技术（50分）	方案实施（50分）	确定步骤	10分	实施步骤合理，有明确的任务分工与具体的方案，完成得10分，否则酌情扣分			
		准备工作	10分	操作平台整洁干净，能够熟练使用器材工具，完成得10分，否则酌情扣分			
		实施操作	30分	正确使用所选择的器材工具与设备，操作过程有条不紊，能完成小组任务分工；严格遵循安全操作规范，无任务违规操作，能够按照要求执行程序，得30分； 其他情况酌情扣分			
工作页完成情况（20分）	按时完成工作页	按时提交	5分	按时提交得5分，迟交不得分			
		内容完成程度	5分	视情况分别得1~5分			
		回答准确率	5分	视情况分别得1~5分			
		字迹书面整洁	5分	视情况分别得1~5分			
总分							
综合得分（自评20%、小组评价30%、教师50%）							

六、评价反馈

请你根据以上打分情况，对本活动当中的工作和学习状态进行总体评述（从素养的自我提升方面和职业能力的提升方面进行评述，分析自己的不足之处，描述对不足之处的改进措施）。

学生签字：
　　年　月　日

教师指导意见：

教师签字：
　　年　月　日

项目三　汽车网络技术基础

课题 3.1　网络的基本概念工单

项目三　汽车网络技术基础	课题 3.1　网络的基本概念	
	姓名：	班级：

1. 请将下面的空缺部分补充完整。

信号分为_____、_____两种不同形式，它们的作用都是在两个实体间进行信息传递。_____是在某一范围内表现为连续的一种信号，其分布于自然界的各个角落，如每天的温度数据。_____是人们抽象出来的、不连续的信号，比如计算机内部的通信，它采用的就是两个数_____与_____，如车内的喷油嘴脉冲信号，只有高电平与_____。由于信号在传递过程中，受到内部与外部的各种干扰，其强度会随着通信距离的不断增大而降低，而_____信号表现得尤为明显。出于安全考虑，车辆在信号选择与应用方面通常会选择_____。

2. 请写出图 1 两幅图中数据传输分别采用什么方式，优缺点分别是什么？

图1

_____

_____

_____

3. 根据传输方向的不同，数据传输有三种基本传输模式：_____、半双工传输模式（half duplex transmission）和_____。

4. 对于车辆来说，网关的三种功能分别是什么？

_____
_____
_____
_____
_____
_____

	成绩：	日期：

课题 3.2　CAN 网络和 LIN 网络工单

项目三　汽车网络技术基础	课题 3.2　CAN 网络和 LIN 网络
	姓名：　　　　　　　班级：

1. 将下面空缺部分补充完整。

　　_____是连接车内各种控制单元的一种传输介质，用于控制单元之间的信息交换。它由_____、_____和_____构成。电控单元通过收发器并联在总线上，构成了_____结构。传输介质在原则上用一条导线（CAN-H）就可以满足要求，但该总线系统还配备了第二条导线_____，因此使用了双绞线。双绞线的使用有效地抑制了_____。为了使信号不在两端反射，在终端加入了两个 120 Ω 的电阻。其中电控单元的主要构件有_____、_____和_____，另外还有输入/输出存储器和程序存储器。

2. 画出发动机转速的传输与接收过程，如图 1 所示。

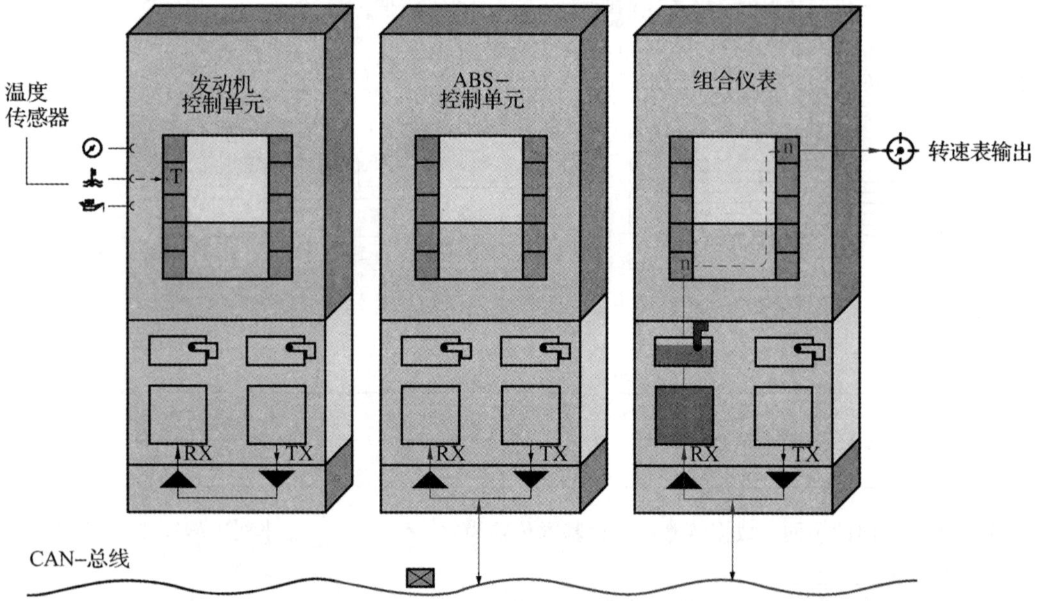

图1

3. 比较 LIN 总线传输与 CAN 总线传输的异同。

_____
_____
_____
_____

	成绩：	日期：

学习任务 3.3.1　高速 CAN 与低速 CAN 工单

项目三　汽车网络技术基础 　　课题 3.3　CAN 网络信号的测量	学习任务 3.3.1　高速 CAN 与低速 CAN	
	姓名:	班级:

1. 将下面空缺部分补充完整。

常用的 CAN 总线分为_____、_____和_____。高速 CAN 通信速度最高_____，低速 CAN 的通信速度最高_____，但低速 CAN 使用高速 CAN 的波特率就会出现问题，这个问题是由收发器引起的，因为在电平转换效率方面，低速 CAN 的收发器明显比高速 CAN 的收发器_____。它们的位传输时序、位仲裁、错误、校验、帧结构等（即所谓的数据链路层）是没有区别的。而单线 CAN 与低速 CAN 和高速 CAN 线的物理区别是 _____。

2. 完成下表三种总线的性能比较。

总线种类	单线 CAN	低速 CAN	高速 CAN
物理层的比较			
隐性位			
显性位			
睡眠时			
唤醒时			

3. 请在图 1 中标出合适的电压。

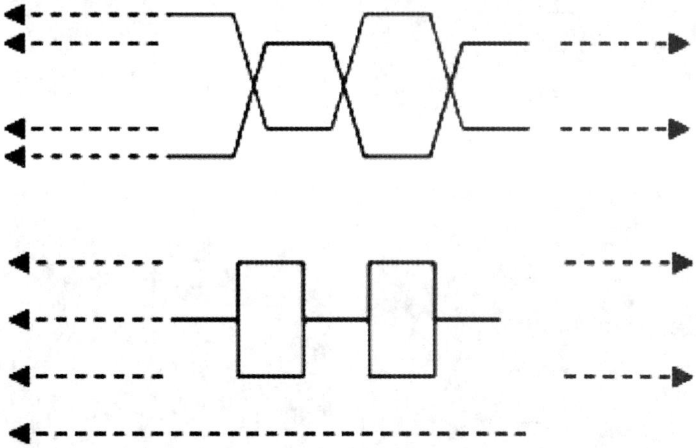

图1

	成绩:		日期:

学习任务 3.3.2　高速 CAN 典型故障波形工单

项目三　汽车网络技术基础 课题 3.3　CAN 网络信号的测量	学习任务 3.3.2　高速 CAN 典型故障波形	
	姓名：	班级：

　　下面分别测出了几组不同的高速 CAN 波形，请大家找出标准的高速 CAN 波形图，并写出非标准的高速 CAN 波形图存在的故障问题，如图 1 所示。

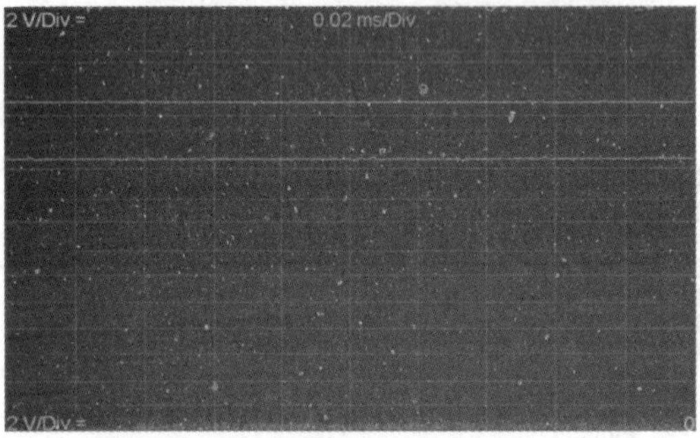

(a)

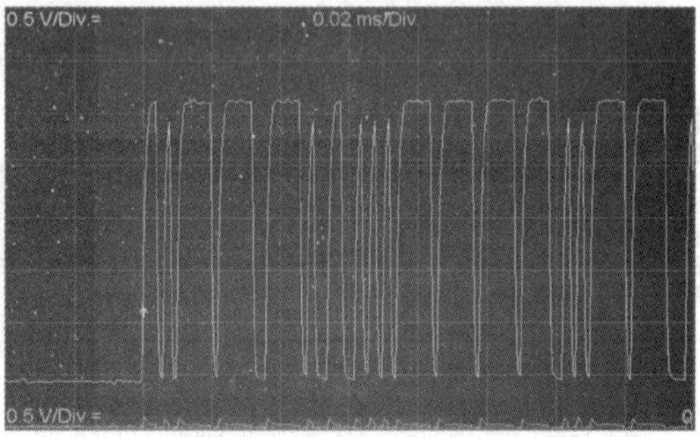

(b)

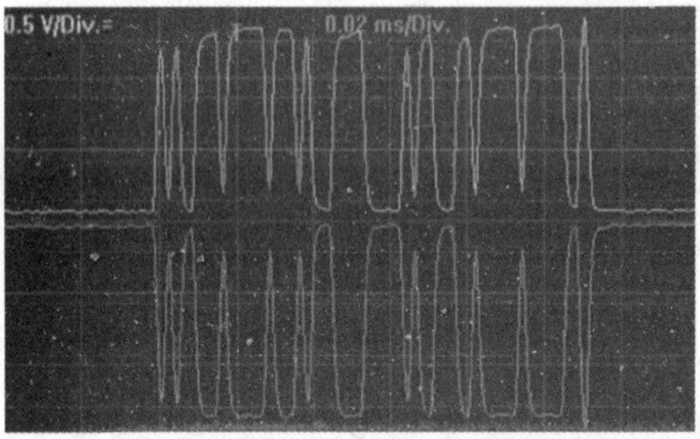

(c)

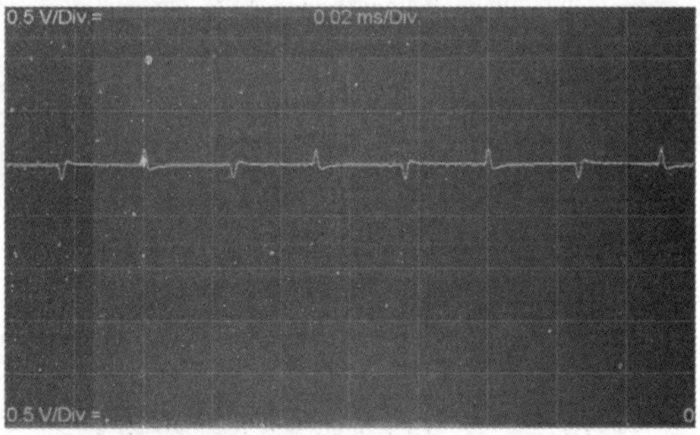

(d)

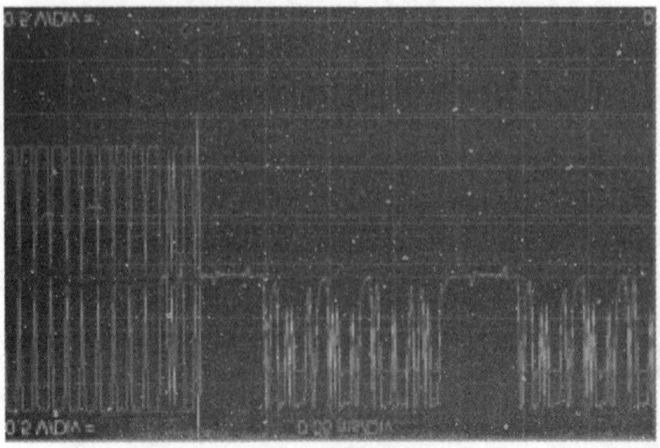

(e)

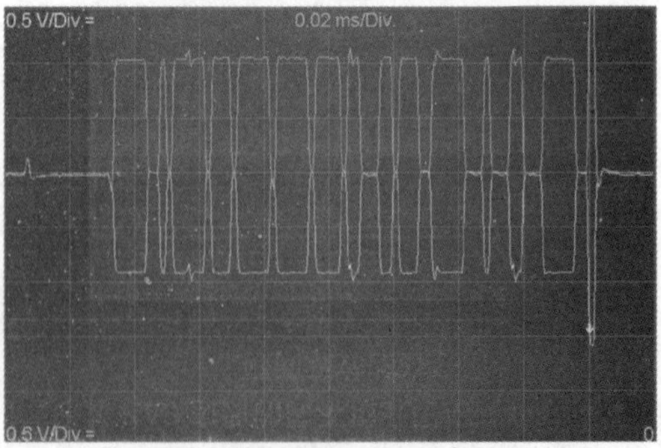

(f)

图1

	成绩：	日期：

学习任务 3.3.3 低速 CAN 典型故障波形工单

项目三 汽车网络技术基础 　　课题 3.3 CAN 网络信号的测量	学习任务 3.3.3 低速 CAN 典型故障波形
	姓名：　　　　　　　　班级：

1. 下面分别测出了几组不同的低速 CAN 波形，请大家找出标准的低速 CAN 波形图，并写出非标准的低速 CAN 波形图存在的故障问题。

2. 下面分别测出了几组不同的舒适 CAN 线带电阻短路时的故障波形，请大家写出故障问题。

成绩：　　　　　　　　　　日期：